뜨거운 마음으로

분 도 소 책 70

Henri J. M. Nouwen
WITH BURNING HEART
A Meditation on the Eucharistic Life
© Orbis. Books, Maryknoll, New York 1994

Translated by Cheong Han-Kyo
© Benedict Press, Waegwan, Korea 1997

뜨거운 마음으로
1997년 3월 초판 | 2019년 12월 6쇄
옮긴이 · 정한교 | 펴낸이 · 박현동
펴낸곳 · 성 베네딕도회 왜관수도원 © 분도출판사
찍은곳 · 분도인쇄소
등록 · 1962년 5월 7일 라15호
04606 서울시 중구 장충단로 188(분도출판사 편집부)
39889 경북 칠곡군 왜관읍 관문로 61(분도인쇄소)
분도출판사 · 전화 02-2266-3605 · 팩스 02-2271-3605
분도인쇄소 · 전화 054-970-2400 · 팩스 054-971-0179
www.bundobook.co.kr
ISBN 89-419-9706-2 02230
ISBN 89-419-0055-7 (세트)

헨리 나웬

뜨거운 마음으로

엠마오 가는 길(루가 24, 13-35)에 바탕한
성찬생활 묵상

정한교 옮김

분 도 출 판 사

실 마 리

날마다 나는 성찬례^{聖餐禮}를 거행한다. 때로는 우리 본당 성당에서 수백 명 회중과 더불어, 때로는 우리 데이브레이크Daybreak 경당에서 우리 공동체 동료 회원과 더불어, 때로는 어느 호텔 방에서 몇 친구와 더불어, 때로는 아버지 거실에서 그분하고 나하고 둘이서만 …. "주님, 자비를 베푸소서"라는 기도를 바치지 않은 채, 나날의 성서 대목을 읽고 몇 차례 묵상을 하지 않은 채, 신앙을 고백하지 않은 채, 그리스도의 몸과 피를 나누지 않은 채, 보람찬 하루를 위해 기도하지 않은 채 지나가는 날은 매우 드물다.

그러면서도 의문이 솟는다. 나는 내가 무엇을 하고 있는지 알고 있는가? 나와 함께 식탁 둘레에 서거나 앉은 사람들은 자기가 무엇에 한몫을 하고 있는지 알고 있는가? 거기서 우리네 일상생활을 이루는 무엇인가가 과연 일어나고 있는가 ─ 그처럼 친숙해 있으면서도?

그리고, 거기 우리와 함께 있지 않은 모두들은 어떤가? 그들도 여전히 성찬을 알고 있거나 생각하거나 갈구하고 있는가? 이 나날의 성찬례가 참례하거나 아니한 보통 남녀들의 일상생활과는 어떻게 연결되어 있는가? 한 멋진 행사, 한 차분한 의식, 한 편안한 일과보다는 큰 것인가? 그리고 끝으로, 생명을 주고 있는가 ─ 죽음을 이겨내는 힘이 있는 그런 생명을?

이 모든 물음이 나에게 무척 절실하다. 끊임없이 대답을 요구한다. 아무렴, 대답들은 있어 왔고말고. 그러나 급변하는 세상에서 그리 오래 가지는 못하는 대답들이었나보다. 성찬은 내가 세상 안에 있다는 것에 의미를 주어 왔다. 하지만 세상이 달라져도 계속 의미를 주고 있는가? 나는 성찬에 관한 많은 책을 읽었다. 10년, 20년, 30년, 심지어 40년 전에 씌었던 책들에도 깊은 통찰이 많이 담겨 있다. 하지만 이들이 내가 성찬을 내 삶의 중심으로 체험하는 데는 도움이 되지 않는다. 오늘 여기서 새삼 다시 묵은 물음이 던져지고 있는 것이다. 어떻게 내 삶의 모두가 성찬생활일 수 있는가? 어떻게 나날의 성찬례가 내 삶을 성찬생활로 만들 수 있는가? 나의 성찬례에는 나의 성찬생활이라는 나 자신의 응답이 따르고 있어야 한다. 그런 응답이 없다면 성찬례란 한 아름다운 전통보다 별로 더 큰 의미가 없을 테니까.

이 소책자에서 나는 나 자신과 나의 벗들에게 성찬에 관해 이야기하면서 나날의 성찬례와 우리네 일상의 인간적 체험 사이의 관계들을 가지고 한 그물을 엮어 보고자 한다. 성찬례를 거행할 때마다 우리는 뉘우치는 마음으로 시작하여 "주님, 자비를 베푸소서"를 기도하고, 말씀에 — 성서 봉독들과 강론에 — 귀를 기울이고, 신앙을 고백하고, 하느님께 땅과 인간 일손의 열매들을 바치고, 하느님한테서 예수님 몸과 피를 받아 모시며, 끝으로 땅의 얼굴을 새로이할 임무를 띠고서 세상 속으로 보냄받는다. 성찬례라는 사건은 깊디깊은 인간 체험을, 비탄悲嘆·경청傾聽·초대招待·친교親交·투신投身이라는 체험들을 열어보인다. 그것은 우리가 하느님의 이름으로 살도록 부름받은 삶을 집약하는 사건이다. 성찬과 우리네 세상살이 사이의 이 풍부한 연결망을 우리가 인식할 때, 오로지 그 때만, 성찬례는 "세상 사건"일 수가 있고 우리 삶은 "성찬생활"일 수가 있는 것이다.

실 마 리

성찬례와 성찬생활에 관해 성찰하는 바탕으로서 나는 두 제자가 예루살렘에서 엠마오로 갔다가 되돌아왔더라는 이야기를 사용하고자 한다. 이 이야기는 상실喪失·현존現存·환대歡待·일치一致·사명使命에 관해 말해 주고 있으므로, 성찬례의 다섯 가지 주요 측면이 담겨 있는 것이다.

이들이 함께 한 움직임을 이룬다. 한탄恨歎에서 감사感謝로, 응어리진 마음에서 고마워하는 마음으로 옮겨가는 움직임이다. 성찬례란 이 영적 움직임을 매우 간명하게 표현하는 그런 전례라면, 성찬생활이란 우리네 일상 실존의 순간마다 이 움직임을 체험하고 긍정하도록 우리가 초대받는 그런 삶이다. 이 소책자에서 내가 바라는 것인즉, 한탄에서 감사까지 이 움직임을 다섯 단계로 펼쳐 나가자는 것이다 ― 우리가 거행하는 그것과 우리가 부름받아 사는 그것이 근본적으로 동일하다는 사실이 밝혀지는 그런 방식으로.

엠마오 가는 길

바로 그 날, 그들 가운데 두 사람이 예루살렘에서 육십 스타디온 떨어진 엠마오라는 마을로 가고 있었다. 그들은 그동안 일어난 모든 일에 관해 서로 이야기하고 있었다. 그렇게 그들이 이야기하며 토론하는 사이에 예수께서 친히 다가와 동행하시게 되었는데, 그러나 그들의 눈이 가리워져서 그분을 알아보지 못했다. "걸어가며 주고받는 말들이 무슨 이야기입니까?" 하고 예수께서 물으시자 그들은 침통한 표정으로 멈추어 섰다.

그 가운데 하나인 글레오파라는 사람이 대꾸했다. "당신도 예루살렘에 있다가 왔으면서 당신만 이 며칠 동안 거기서 일어난 일을 몰랐단 말입니까?" 예수께서 "무슨 일인데요?" 하시자 그들이 말했다. "나자렛 사람 예수의 일이지요. 그분은 하느님과 모든 백성 앞에서 행동과 말씀에 힘이 넘친 예언자였습니다. 그런데 웬일인지 우리 대제관들과 지도자들이 그분을 넘겨주어 사

엠마오 가는 길

형선고를 받게 하고 십자가에 처형시켰습니다. 우리는 그분이야말로 이스라엘을 구원하실 분이라고 희망을 걸고 있었습니다. 그러나 이런 일이 일어나고 만 지도 벌써 사흘째가 됩니다. 그런데 우리 가운데 여자들 몇이 우리를 어리둥절하게 했습니다. 아침에 무덤에 갔다가 예수의 시신을 찾지 못하고 와서 하는 말이, 천사들의 발현을 보았는데 그분이 살아 계시다고 일러 주더랍니다. 그래서 우리 동료 가운데 몇 사람이 무덤에 가 보았더니 과연 여자들이 말한 그대로였는데, 하지만 그분은 보이지 않더랍니다.”

예수께서 말씀하셨다. “아둔한 사람들, 예언자들이 말한 모든 것을 믿는 마음이 그렇게도 굼뜨다니. 그리스도는 그런 고난을 겪고 나서 영광을 누리게 되어 있지 않습니까?” 이어서 모세와 모든 예언자의 기록에서 비롯하여 성경 전체에 걸쳐 당신에 관한 이야기를 설명해 주셨다.

그들이 찾아가던 마을 어귀에 이르러 예수께서 더 가시려는 척하자, 그들이 말리며 “이미 날도 저물어 저녁때가 되었으니 우리와 함께 묵읍시다” 하니, 그분은 함께 묵으러 들어가셨다.

엠마오 가는 길

　예수께서 함께 식탁에 자리잡으시자 빵을 들고 축복하신 다음 떼어서 건네주셨다. 그제서야 그들은 눈이 열리어 예수를 알아보았는데, 그 순간 그분은 그들 앞에서 사라지셨다. 이에 그들이 서로 말했다. "그분이 길에서 말씀하시고 성경을 풀이해 주실 때 우리 마음이 뜨거워지지 않던가?"

　그들은 곧바로 일어나 예루살렘으로 되돌아갔는데, 가서 보니 열한 제자와 동료들이 모여 있었고, "정말 주님께서 부활하여 시몬에게 나타나셨다"고 말했다. 그들도 길에서 겪은 일과 빵을 떼어 주실 때 그분을 알아보게 된 일을 이야기했다.

(루가 24,13-35)

== 가 ==

잃어버림을 슬퍼함

"주님, 자비를 베푸소서"

두 사람이 함께 걷고 있다. 걸음걸이만 보아도 언짢은 기색이 완연하다. 꾸부정한 몸, 푹 숙인 고개, 느릿느릿 움직이고 있다. 서로 돌아다보지도 않는다. 이따금 한마디씩 툭툭 내뱉기는 하지만 들어 보라고 하는 말은 아니다. 부질없는 소리로 허공에 사라질 뿐이다. 길을 따라 가면서도 딱히 목적지도 없나보다. 고향 집으로 돌아가는 길이라지만 그들에게 고향은 이미 고향이 아니다. 달리 갈 데도 없으니 그리로나 갈 밖에. 그들의 귀향은 허무·환멸·절망의 길이 되고 말았다.

고작 몇 해 전에 그들이 처음 그분을 만났던 일이 마치 아스라한 꿈만 같다. 그분은 그들의 삶을 바꾸어 놓으셨더랬다. 평소 일과에까지 샅샅이 파고들면서 실생활의 어느 부분에나 새로운 활기를 불어넣어 주셨더랬다. 고향 마을을 버리고 그들은 그 낯선이와 그분 벗들을 따라갔던 것이고, 그들의 범상한 활동 뒤에 숨어

잃어버림을 슬퍼함

있는 온통 새로운 현실을 발견했던 것이다 — 용서와 치유와 사랑이 이미 말만이 아니고 인간성의 바로 핵심에 와닿는 힘인 그런 현실을. 낯선 나자렛 사람 그분을 만나고부터는 만사가 새로워졌더랬다. 그들은 이제 세상을 부담이 아니라 요청으로, 독사가 우글거리는 마당이 아니라 끝없이 기회가 다가오는 곳으로 여기는 그런 사람이 되어 있었더랬다. 그분은 그들의 일상 경험에 기쁨과 평화를 갖다주셨더랬다. 삶을 춤으로 만들어 주셨더랬다!

그런데 이제 그분은 숨지셨다. 빛을 발산했던 그분 몸은 고문자들 손 아래 망가졌다. 팔다리는 폭력과 증오의 연모에 찔려 찢기고, 눈은 텅 빈 구멍이 되고, 손은 움켜쥘 힘을, 발은 버텨설 힘을 잃었다. 그분은 아무것도 아닌 사람들 가운데 아무것도 아닌 사람이 되어 버렸다. 만사가 허사가 되고 말았다. 그들은 그분을 잃어버렸다 — 그분만이 아니라, 그분과 함께 그들 자신마저. 밤낮없이 철철 넘쳤던 정력은 온데간데 없이 사라졌다. 그들은 모든 것을 잃어버린 두 인간이 되어, 고향도 없으면서 고향으로, 어두운 추억이 되어 버린 거기로 돌아가고 있다.

"주님, 자비를 베푸소서"

여러 모로 우리도 그들과 비슷하다. 우리네 존재의 핵심을 감히 들여다보다가 거기서 우리의 잃어버린 처지에 마주치게 되면 우리는 그것을 안다. 우리 역시 많은 것을 잃어버린 사람들이 아닌가.

우리의 고통을 잘 요약하는 낱말이 있다면 그것은 "잃음" 또는 "상실"이라는 말이다. 우리는 하고많은 것을 잃어버렸다! 때로는 심지어 삶이란 그저 한 가닥 기다란 줄로 이어지는 상실의 연속으로 보이기마저 한다. 출생 때는 자궁의 안전을 잃었고, 입학 때는 가족 생활의 안전을 잃었고, 취직 때는 청춘의 자유를 잃었고, 혼례나 서품 때는 여러 가지 선택 가능성이라는 즐거움을 잃었으며, 늙어 가면서는 고운 얼굴과 오랜 친구와 명망 들을 잃었다. 약해지거나 병들었을 때는 신체적인 독립을 잃었거니와, 죽을 때면 모든 것을 잃을 것이다! 그리고 이 잃음들은 예사스런 삶의 일부다! 그러나 누구의 삶이 예사스러운가? 우리네 마음과 정신 속에 깊이 상실감이 자리잡고 있다 — 이별로 친밀을 잃음, 폭력으로 안전을 잃음, 무절제로 무구성을 잃음, 배신으로 친구를 잃음, 버림으로 사랑을 잃음, 전쟁으로 고향을 잃음, 주림과 더위와 추위로 안락을 잃음,

잃어버림을 슬퍼함

질병이나 사고로 자녀를 잃음, 정치적 격변으로 나라를 잃음, 지진과 홍수와 비행기 폭발과 폭격과 질병 들로 생명을 잃음 …

이런 어두운 잃음들 가운데 많은 것이 우리네 가운데 대부분에게 멀리 떨어져 있는 것이 아닐 터이다. 더러는 신문과 텔레비전의 세계에 속할지도 모르지만, 아무튼 어느 누구도 우리네 일상 실생활의 일부인 상실의 고통을 피할 수는 없다 ― 꿈들을 잃게 되는 괴로움 말이다. 무척 오랜 동안 우리는 스스로 성공이 기약된 사람이요 남들이 좋아하는 사람이며 깊이 사랑받는 사람이라고 여겼더랬다. 관용과 봉사와 자기희생의 삶을 소망했더랬다. 언제나 용서하는 사람, 돌봐주는 사람, 상냥한 사람이 되기로 작심하고 있었더랬다. 화해와 평화의 일꾼으로 자처하며 그런 시각으로 세상을 바라보았더랬다. 그러나 어쩌다 보니 ― 어쩌다가 그렇게 되었는지 확실하지도 않은 채 ― 우리는 꿈을 잃고 말았다. 나날이 정치와 사회와 교회에서 나타나는 추문스런 소식들을 서로 주고받는 가운데 걱정하고 불안해하면서 우리가 모아 놓은 하찮은 것들에 매달리는 그런 사람들이 되어 버렸다. 이런 정신의 상실이야말로 흔히는 우리가 가장 인정하기 어렵고 가장 고백하기 난처한 노릇이다.

그러나 이 모든 것 뒤에는 믿음의 상실이 있다 — 우리의 삶에 의미가 있다는 확신의 상실 말이다. 한동안 우리는 상실을 감내할 수 있었다. 심지어 꿋꿋이 견뎌내며 그것을 삶으로 삼을 수조차 있었다. 우리를 하느님께 더 가까이 데려다주는 그런 상실로 삼으며 살았던 것이다. 삶의 고뇌와 고통이 견딜 만했던 것은 그것이야말로 의지력을 시험하고 확신을 심화하는 방도라고 여기며 살았기 때문이다. 그러나 나이가 들어 가면서 우리는 오랜 세월 동안 우리를 지탱해 오던 바로 그것이 — 기도, 예배, 성사, 공동체 생활, 하느님이 인도하시는 사랑에 대한 분명한 인식이 — 우리를 붙들어 줄 힘을 잃었음을 발견하게 된다. 오래 애호되어 오던 생각들, 오래 실천되어 오던 규율들, 오래 고수되어 오던 전례 생활 관습들이 더는 우리 마음을 뜨겁게 할 수 없게 되고, 우리는 왜 또 어떻게 우리에게 그런 동기가 부여되었던지 납득조차 못하게 된다. 우리는 예수께서 우리에게 하도 현실적인 분이어서 그분이 우리의 삶 속에 와 계시다는 것에 대해 아무 의문도 없었던 그런 때를 기억한다. 그분이야말로 우리의 가장 친밀한 벗이셨다. 우리의 조언자요 인도자이셨으며 우리에게 위로와 용기와 신념을 주셨다. 우리는 그분을 느낄 수 있었다. 그렇다, 맛보고 만질 수 있었다. 그런데 지금은? 우리는 이제 그분을 별로 많이 생각지 않는다. 그분의 현존 속에서 오랜 시간을 보내고 싶어하지 않는다. 이제 우리는 그분에 대해 그처럼 특별히 느끼는 바가 없다. 그저 어느 이야기 책에 나오는 한 주인공쯤보다 더 큰 인물인지 의심조차 한다. 우리 친구들 가운데도 그분을 비웃거나 그분 이름을 조롱거리로 삼거나 혹은 간단히 무시해 버리는 사람들이 많다. 점점 우리는 우리에게도 그분이 한 낯선이가 되었다는 사실을 실감하기에 이르렀다 ― 어떻게든, 우리는 그분을 잃어버린 것이다.

그렇다고 해서 이 모든 상실이 우리 누구나의 삶에 충격이 되리라는 양으로 말하려는 것은 아니다. 그러나 함께 길을 가며 서로 귀를 기울일라치면 우리는 이 잃은 것들 가운데 대부분은 아닐지언정 많은 것이 그 길의, 우리 자신이나 길동무들이 걷는 길의 일부라는 사실을 곧 발견하게 될 것이다.

"주님, 자비를 베푸소서"

이 잃음들을 어찌할 것인가? 이것이 우리 앞에 마주치는 첫째 물음이다. 숨길 것인가? 현실이 아닌 양 살아갈 것인가? 우리와 길동무들한테서 떨어져 있게 할 것인가? 얻은 것들에 비하면 잃은 것들은 별것 아니라고 자위하거나 설득할 것인가? 혹은 누군가를 탓할 것인가? 우리는 거의 언제나 이 모든 것을 한다. 하지만, 다른 가능성도 있다. 슬퍼할 수도 있다. 그렇다, 우리는 상실을 슬퍼해야 한다. 말이나 행동으로 이 상실을 없애 버릴 수는 없지만, 이를 두고 눈물을 흘릴 수 있고 스스로 깊이 슬퍼할 수는 있다. 우리의 상실을 슬퍼할 때 우리는 보장된 안전감에서 떠나 부서진 마음이라는 괴로운 진실에 이른다. 우리의 슬픔은 우리에게 아무것도 안정되거나 분명한 것이란 없으며 모든 것이 끊임없이 달라지고 있는 그런 우리 자신의 삶의 심연을 경험하게 한다.

그리고, 우리가 자신이 잃은 것 때문에 괴로움을 느끼는 그 때 우리의 이 슬퍼하는 마음은 가족과 친구와 동료라는 우리 자신의 작은 세계에서 멀리 떨어진 저편에서도 온갖 상실로 말미암아 고통을 겪고 있는 그런 세계로 우리 내면의 눈을 열어 준다 — 수감자, 도

잃어버림을 슬퍼함

망자, 에이즈 환자, 굶주리는 어린이 … 끊임없는 두려움 속에 살고 있는 그런 무수한 인간의 세계로. 그 때 우리 마음의 울부짖음이 고통중에 있는 인류의 통곡에 연결된다. 그 때 우리의 비탄이 우리 자신보다도 큰 현실로 다가온다.

그러나 놀랍게도, 이 모든 고통의 한복판에 충격으로 다가오는 목소리가 있다. "우는 이는 복되도다, 위로를 받으리니"라고 말씀하시는 분의 목소리다. 이 뜻밖의 새소식인즉, 우리네 슬픔 속에 축복이 숨어 있다는 것이다. 위로하는 사람이 아니라 슬퍼하는 사람이 복받은 사람이라는 것이다! 우리가 흘리는 눈물, 그 속에 어떤 선물이 있다. 우리의 슬픈 몸부림, 그 속에 어떤 춤의 첫발짝이 있다. 우리의 상실에서 솟아나는 울부짖음, 그 속에 어떤 감사의 노래가 있다.

우리는 자신의 것이든 세상의 것이든 많은 상실로 부서진 마음을 안고서들 성찬례에 온다. 귀향 길을 걷던 두 제자처럼 우리는 말한다: "희망을 걸고 있었건만 … 그런 희망은 사라지고 대신 고문과 죽음이 왔다." 바야흐로 우리는 고개를 꼿꼿이 세워 앞을 바라보지 못하고 땅을 향해 푹 숙이고 있다.

"주님, 자비를 베푸소서"

이것이 우리의 출발 모습이다. 문제는 상실에서 출발하여 한탄에 이르느냐 감사에 이르느냐다. 한탄은 현실적 선택이다. 많은 이가 한탄을 선택한다. 이 상실 저 잃음으로 잇달아 충격받다 보면 환멸과 분노와 쓰라림을 느끼고 점점 한탄이 더해지기 십상이다. 나이가 들수록 이렇게 말하고 싶은 유혹이 커진다: "삶이 나를 속였다. 나에게 미래는 없다. 희망할 것이라고는 없다. 단 하나 내가 할 일이 있다면 나에게 남아 있는 작은 것이나마 죄다 잃어버리지 않도록 지키는 것이다."

한탄은 우리네 삶의 막강한 파괴력이다. 우리 존재의 핵심에 자리잡아 마음을 모질게 하는 차가운 분노다. 한탄은 우리의 말과 행동에 하도 깊이 파고들어 그런 줄 알아차리지도 못할 만큼 삶의 방식이 된다.

나는 자주 마음 속에 아무 한탄도 없다면 내가 어떻게 살까 싶은 생각마저 든다. 내가 좋아하지 않는 사람들에 관해 얘기하거나 내게 많은 고통을 준 사건들에 관한 기억을 되씹거나 의구심을 가지고 행동하기에 하도 익어 있어서, 아무것도 불평할 일이 없고 아무도 붙들고 괴롭힐 이가 없다면 어떻게 될지 모를 지경이다! 내 마음 구석구석에 여전히 수많은 한탄이 숨어 있고 보면, 내가 정말 한탄 없이 살기를 바라기나 하는지 의문이다. 이런 한탄들이 없다면 나는 무엇을 할까? 살다 보면 내가 한탄을 더해 나갈 기회가 되는 순간은 수없이 많다. 아침 먹기 전부터 이미 나는 혐의와 질투의 느낌들과 내가 차라리 피하고 싶은 사람들에 관한 수많은 생각과 나의 하루를 안전이 보장된 방식으로 살려는 잡다한 계획을 가졌다.

한탄이란 없는 그런 사람들이 있는지 나는 의심한다. 한탄은 우리의 수많은 상실에 대한 그처럼 명백한 반응이다. 비극인즉, 교회 안에도 하고많은 한탄이 숨어 있다는 사실이다. 그것은 그리스도인 공동체를 심각하게 마비시키는 측면의 하나다.

그런데도, 성찬은 다른 선택을 제시한다 — 한탄이 아니라 감사를 선택할 가능성을. 잃음을 슬퍼함은 한탄에서 떠나 감사로 향하는 첫걸음이다. 비탄의 눈물이 굳어진 마음을 부드럽게 하여 "감사합니다" 하고 말할 가능성을 열어 줄 수 있다.

"성찬"이란 본디 낱말인 그리스어 "에우카리스티아" *εὐχαριστία*에서 글자 그대로 옮기자면 "감사"다. 성찬례와 성찬생활은 온가지로 감사와 관계가 있다. 성찬생

"주님, 자비를 베푸소서"

활은 삶을 선물로서 고맙게 받으며 사는 삶이다. 물론 감사가 삶에 대한 지극히 자명한 반응은 아니다. 삶을 상실의 연속으로 경험할 때야말로 확실히 아니다! 그런데도, 우리가 성찬례로 거행하고 성찬생활로 사는 큰 신비인즉, 우리가 슬퍼함을 통해 삶을 선물로 알기에 이른다는 바로 그것이다. 삶의 아름다움과 귀중함은 그 연약함과 사멸성에 긴밀하게 연결되어 있다. 우리는 그것을 날마다 경험할 수 있다 — 꽃 한 송이를 손에 쥘 때도, 나비 한 마리가 공중에서 춤추는 것을 볼 때도, 한 어린 아이를 쓰다듬을 때도 …. 연약함과 선사받음이 둘 다 거기 있고 둘 다 우리의 기쁨과 연결되어 있다.

성찬례마다 하느님의 자비를 비는 외침으로 시작한다. 그리스도교 역사상 "주님, 자비를 베푸소서"만큼 빈번하게 또 친밀하게 바쳐져 온 기도는 또 없으리라. 이 기도는 서방 성찬 전례 개회식에만 자리할 뿐 아니라 모든 동방 전례에서 줄곧 외침으로 이어지고 있다. "주님, 자비를 베푸소서", "퀴리에 엘레이손"*Kyrie Eleison*, "고스포디 포밀리외"*Gospody Pomilioe*. 그것은 하느님 백성이 통회하는 마음으로 부르짖는 외침이다.

잃어버림을 슬퍼함

이 자비를 구하는 외침은 어떻게든 어디서든 우리 자신이 상실과 어떤 관계가 있다는 사실을 우리가 기꺼이 고백하고자 할 때만 가능하다. 자비를 구하며 외친다는 것은 우리가 잃어버린 것들을 두고 하느님이나 세상이나 다른 사람들을 탓한다는 것이 우리네 있는 그대로의 진실을 충분히 올바르게 대하는 태도는 아니라는 사실을 인정하는 것이다. 우리가 직접 유발하지 않은 고통까지도 우리가 기꺼이 책임지고자 하는 순간, 남을 탓하는 마음은 부서진 인간 조건 속에서 우리 자신이 맡을 구실을 인정하는 마음으로 돌아선다. 하느님의 자비를 비는 기도는 이 부서진 인간 조건이란 우리가 그 슬픈 피해자가 될 수밖에 없는 그런 숙명적 조건이 아니라 인간이 사랑에 대해 "아니오"로 응답하기로 하는 그런 선택의 열매임을 아는 마음에서 나온다. 엠마오로 귀향 길을 걷던 제자들은 모든 희망을 걸었던 그분을 잃었기에 슬펐지만 또한 그들 자신의 지도자들이 그분을 십자가에 못박았다는 것도 깊이 의식하고 있었다. 그들은 비탄이 어떤 악과 연결되어 있음을 알고 있었고, 그것은 그들 자신의 마음 속에서도 인정할 수 있는 그런 것이었다.

"주님, 자비를 베푸소서"

성찬은 우리가 이 세상에서 우리를 둘러싸고 파고드는 악에 대해 우리의 공동책임을 받아들이며 일어설 것을 요구한다. 우리가 살고 있는 무서운 시대, 우리가 견뎌야 할 무서운 상황, 우리가 겪어야 할 무서운 숙명에 관해 불평 속에 주저앉아 있는 한, 우리는 통회에 이를 수 없다. 그리고 통회는 통회하는 마음에서만 자라날 수 있다. 우리의 상실들이 순전히 숙명일 뿐이라면 우리의 소득들은 순전히 요행일 뿐이다! 숙명은 통회로 이끌지 않고 요행은 감사로 이끌지 않는다.

실은, 우리 개인 생활의 갈등도 지역이나 국가나 세계 규모의 갈등도 **우리의** 갈등들이다. 우리는 오로지 그 책임을 주장함으로써만 그 저쪽으로 넘어갈 수 있다 — 용서와 평화와 사랑을 선택하는 데로.

"퀴리에 엘레이손", "주님, 자비를 베푸소서". 그것은 통회하는 마음에서 나와야 한다. 경직된 마음과는 대조적으로 통회하는 마음은 남을 탓하지 않고 세상의 죄많음에 자신의 몫도 인정하며 그래서 하느님의 자비를 받을 차비가 되어 있는 그런 마음이다.

어느 날 네덜란드 텔레비전의 저녁 명상 시간이 아직도 기억에 생생하다. 명상 인도자가 말라서 굳어 버린 흙에 물을 쏟아 부으며 말했다. "보십시오, 흙이 물을 받아들일 수 없고 아무 씨도 자랄 수 없습니다." 그러고는 손으로 흙을 부순 다음 다시 물을 붓고 말했다. "부서진 흙만이 물을 받아들이고 씨가 자라 열매를 맺게 할 수 있습니다."

이것을 보고 나서 나는 성찬례를 통회하는 마음으로 시작한다는 것이 무슨 뜻인지를 알아들었다. 하느님 은총의 물을 받아들이기 위해서는 부서져 열린 마음이 필요하다.

그러나 성찬례, 곧 감사례를 부서진 마음으로 시작한다는 것이 어떻게 가능할까? 우리의 죄많은 조건을 의식하고 세상의 악에 대한 우리의 공동책임을 인정하다 보면 우리는 마비되고 말지 않을까? 진정으로 죄를 고백한다는 것이란 너무나도 힘빠지는 일이 아닐까? 그렇다, 사실이다! 그러나, 어떠한 죄도 어떤 은총 의식이 없이는 직면할 수 없다. 어떠한 상실도 새 삶을 발견하리라는 어떤 직관이 없이는 슬퍼할 수 없다.

엠마오로 가던 제자들은 자기들의 큰 상실에 관해 이야기할 때 또한 여자들이 무덤이 빈 것을 발견하고 천사들을 보았다더라는 어리둥절한 이야기도 했다. 그러나 그들은 의심을 품고 있었다. 그분은 며칠 전에 십자가에 처형되지 않았던가? 만사가 끝장나고 말지 않았던가? 악이 마지막 승리를 거두지 않았던가? 그런데도 이 여자들은 그분이 살아 계시더라니 어찌된 일인가? 누가 그런 말을 진담으로 여기겠는가? 그러나 그때 다시, 그들은 말할 수밖에 없었다. "우리 동료 가운데 몇 사람이 무덤으로 가 보았더니 과연 여자들이 말한 그대로였는데, 하지만 그분은 보이지 않더랍니다!"

이것이 우리가 성찬례에 점점 다가가는 방식이다. 절망과 희망이 야릇하게 섞인 채다! 한편으로는 우리 자신의 삶과 우리 주위 사람들의 삶을 바라보며 이렇게 말하고 싶어한다. "그런 것일랑 잊어버리자. 다 지나간 일이다. 아무렴, 우리는 더 나은 세상을 생각했고 새로운 사랑의 공동체를 상상했고 만민이 함께 평화로이 살 시대를 꿈꾸었고말고. 하지만 진실은 우리를 붙들어 매고 말았다. 이제 우리는 그 모두가 환상에 지나지 않는다는 것을 알고 있다. 우리네 본성이 달라질 수 있으랴. 제 버릇 개 주랴. 우리들의 질투와 한탄, 분노와 보복, 걷잡을 수 없는 폭력, 인간 잔인성의 수없는 표지들, 범죄·고문·전쟁·착취 ⋯ 이 모두가 확실히

잃어버림을 슬퍼함

우리 청춘의 희망은 십자가에 못박혔다는 쓰라린 진실
에 우리를 눈뜨게 했다.”

그리고 그런데도 — 다른 이야기들이 남아 있고 계
속해서 나타난다. 같은 사실을 다르게 본 몇 사람에 관
한 이야기, 용서와 치유의 몸짓들에 관한 이야기, 진·
선·미에 관한 이야기 들이다. 그리고 마음속의 더 깊
은 목소리에 귀를 기울일 때, 우리는 회의와 냉소 밑에
사랑과 일치와 친교를 향한 동경이 깔려 있음을 알아
차린다 — 감상적인 유년기 기억들이라 하여 팽개쳐
버릴 이유가 얼마든지 남아 있을 그런 때조차 결코 사
라져 버리지는 않는 그런 동경이.

“주님, 자비를 베푸소서, 주님, 자비를 베푸소서, 주
님, 자비를 베푸소서.” 그것은 끊임없이 우리 존재의
깊은 데서 솟아오르면서 냉소의 벽들을 뚫고 나오는
기도다. 그렇다, 우리는 죄인이다, 희망없는 죄인이다.
우리는 모든 것을 잃어버렸다, 우리가 품었던 희망과
꿈 가운데 남아 있는 것이라고는 아무것도 없다. 그런
데도, 한 목소리가 들리고 있다. “내 은총은 너에게 넉
넉하다!” 우리는 다시 우리 냉소적인 마음의 치유를 구
하여 부르짖고 있으며, 우리의 슬픈 울음 한복판에서

"주님, 자비를 베푸소서"

과연 감사드릴 선물을 발견할 수 있다고 감히 믿고 있다. 그러나, 이 발견의 길을 위해서는 특별한 길동무가 필요하다!

== 나 ==

와 계심을 알아봄

"주님의 말씀입니다"

두 길손이 잃어버린 것들을 슬퍼하며 고향 집으로 걸어가는데, 예수께서 나타나 곁에서 함께 걸으신다. 그러나 그들의 눈이 그분을 알아보지 못한다. 문득 두 사람이 아니라 세 사람이 걷게 되면서 매사가 달라진다. 두 친구는 이제 눈앞의 땅바닥만 내려다보지 않고 낯선이의 눈을 들여다본다. 길동무로 끼어든 낯선이가 "걸어가며 주고받는 말들이 무슨 얘기입니까?" 하고 묻자 움찔 놀라며 좀 짜증조차 나서 "당신만 몰랐단 말입니까!" 하는 것이다. 그러고는 긴 이야기가 이어진다. 곧, 상실의 이야기요, 빈 무덤이라는 어리둥절한 소식 이야기다. 아무튼 여기에는 적어도 들어 주는 누군가가 있다. 환멸과 슬픔과 극도의 혼란에 빠진 말들을 기꺼이 듣고자 하는 누군가가 있다. 말해 봐야 의미도 없어 보이지만, 그래도 다 아는 사실을 서로 되풀이하기보다는 낯선이에게 이야기하는 편이 차라리 낫다.

와 계심을 알아봄

그때 무슨 일이 일어난다! 뭔가 달라진다. 낯선이가 말하기 시작하고 그 말이 진지한 주의를 요구한다. 낯선이가 그들에게 귀를 기울이더니, 이제 그들이 낯선이에게 귀를 기울이게 된다. 낯선이의 말은 딱부러지게 분명하다. 하기야 실은, 그들이 이미 알고 있던 것들을 이야기한다. 곧, 그들이 태어나기 전에 오랜 세월 동안 일어났던 모든 일을 포함한 그네들의 오랜 과거 이야기들이다. 그네들 백성을 자유로 인도한 모세 이야기, 그 값비싸게 얻은 자유를 날려보내지 말라고 요청한 예언자들 이야기 들이다. 너무나도 귀에 익은 이야기들이다. 그런데도, 그들에게는 그것이 마치 처음으로 듣고 있는 것같이 들린 것이다.

남다른 점은 말하는 이에게 있다! 난데없이 나타난 이 낯선이가 낯선이이면서도 어딘지 모르게 일찍이 그 이야기를 들려 주었던 어느 누구보다도 가까워 보이는 것이다. 상실, 비탄, 죄책, 공포, 보일락말락하는 희망 … 불안정한 정신 속에서 그래도 직시해 보려고 씨름을 벌여 왔던 수많은 미해답 문제 — 이 모두가 이 낯선이에 의해 실상이 드러나고 어느덧 그들 자신의 사연보다 더 큰 역사의 맥락 속에 놓여 있는 것이다. 그다지도 혼란스러워 보였던 것이 새 지평을 보여주기 시작했다. 그다지도 억압적으로 보였던 것이 해방적으로 느껴지기 시작했다. 그다지도 슬퍼만 보였던 것이 기쁨의 성질을 띠기 시작했다! 낯선이가 이야기를 풀어 감에 따라 그들은 점점 알게 된 것이다 ─ 자기네 작은 삶들이 자기네가 생각했던 것처럼 작지 않고 수많은 세대를 포함할 뿐 아니라 영원에서 영원으로 뻗어 나가는 큰 신비의 일부라는 것을.

낯선이는 그들의 슬픔이 슬퍼할 이유가 없는 것이라고 하지 않고, 그 안에 기쁨이 숨어 있는 그런 더 큰 슬픔의 일부라고 했다. 그들이 애도하고 있는 죽음이 진짜 죽음이 아니라고 하지 않고, 훨씬 큰 생명, 참 삶을 시작하는 그런 죽음이라고 했다. 새로운 용기와 새로운 희망을 주었던 그런 벗을 그들이 잃어버린 것이 아니라고 하지 않고, 이 상실이야말로 일찍이 그들이 경험해 본 어떤 우정도 훨씬 뛰어넘는 그런 우정에 이르는 길을 창출할 것이라고 했다. 낯선이는 그들이 들려준 이야기를 부정하지 않았다. 오히려 반대로, 그 안에서 그들이 독특한 구실을 하도록 허락되어 있는 그런 훨씬 큰 사건의 일부로서 긍정했다.

그러면서도, 그것은 무슨 달래주는 대화는 아니었다. 낯선이는 감상에 흐르지 않고 강직하며 직선적이었다. 안이한 위로란 없었다. 심지어 그들이라면 차라리 알고 싶지도 않을 그런 진실을 분명히 들추어내어 불평의 아픈 데를 찌르기조차 했다. 필경, 불평을 계속하기가 현실을 직시하기보다는 훨씬 매력이 있는 법이다. 그러나 낯선이는 털끝만큼도 서슴지 않고 그들의 방벽을 뚫어 깨뜨리고 그들 자신의 정신과 마음의 옹졸함을 훨씬 넘어서도록 그들을 지탄했다.

"아둔한 사람들 … 믿는 마음이 그렇게도 굼뜨다니." 이 말씀이 두 사나이의 마음에 똑바로 날아와 꽂힌다. "아둔하다"란 모진 말이다. 공격하는 말이고 방어하게 만드는 말이다. 그러나 이 말은 또한 두려움과 자의식의 껍질을 깨뜨려 열고 인간 실존의 온전한 재인식으로 이끌 수도 있다. 그것은 깨어나라는 부름이요, 눈가리개를 벗겨냄이며, 무익한 방벽들을 헐어내림이다. 아둔한 사람들아, 안 보이느냐, 안 들리느냐, 못 알아듣겠느냐? 작은 덤불만 바라보느라고 온 세상이 보이는 산꼭대기에 있음은 알아차리지 못했구나. 장애물을 노려보느라고 그것이 바른 길을 보여주기 위해 거기 있음은 생각지 못했구나. 잃어버린 것들을 두고 불평하느라고 이들이 생명의 선물을 받을 수 있도록 존재함은 깨닫지 못했구나.

낯선이는 그들을 보게 하기 위해 "아둔하다"고 지탄했다. 그리고 요청한 것은 무엇인가? 신뢰하라는 것이다. 그들은 자기네 체험이 돌이킬 수 없는 상실의 체험보다 큰 것임을 신뢰하지 않았다. 집으로 돌아가 옛 생활 방식을 다시 취하기보다 달리 할 일이 있음을 신뢰하지 않았다. "아둔한 사람들 … 믿는 마음이 그렇게도 굼뜨다니." 믿기에 굼뜨구나, 사태의 더 큰 얼개를 신뢰하기에 굼뜨구나, 온갖 불평을 뛰어넘고 새로운 기회의 넓은 지평을 발견하기에 굼뜨구나, 순간의 고통 저쪽으로 넘어가서 그런 것들을 훨씬 큰 치유 과정의 일부로서 바라보기에 굼뜨구나.

이런 굼뜸은 무죄한 굼뜸이 아니다. 우리를 불평과 옹졸의 덫 속에 가두어서 우리가 살고 있는 곳의 경치를 발견하지 못하도록 할 수 있기 때문이다. 우리가 누구이며 무엇이 되어야 할 사람인지 생각조차 못해 본 채 삶의 마지막에 이르고 마는 일은 얼마든지 있을 수 있다. 삶은 짧다. 우리가 보고 듣고 경험하는 작은 것들이 우리 존재 전체를 열어보이리라고 간단히 기대할 수는 없다. 그러기에는 너무나 근시近視요 너무나 난청難聽인 우리들이다. 누군가가 우리 눈과 귀를 열어 우리 자신의 지각 저쪽에 있는 것을 발견하도록 도와 줄 필요가 있다. 누군가가 우리 마음이 뜨거워지게 해 주어야 하는 것이다!

예수께서는 우리가 슬픔 속에 걷고 있을 때 길동무가 되어 성서를 설명해 주신다. 그러나 우리는 그분이 예수이심을 모른다. 우리 삶에서 무슨 일이 일어나고 있는지 우리 자신보다는 잘 모르는 낯선이라고 생각한다. 그리고 그런데도 — 우리는 뭔가를 안다. 뭔가를 느낀다, 직감한다. 곧, 우리 마음이 뜨거워지기 시작하는 것이다. 그분이 우리와 함께 계시는 바로 그 순간에는 무슨 일이 일어나고 있는지를 우리가 충분히 알아차릴 수 없다. 나중에는, 그렇다, 나중에 일이 다 지나갔을 때는 우리도 이렇게 말할 수 있을 것이다. "그분이 길에서 말씀하시고 성서를 풀이해 주실 때 우리 마음이 뜨거워지지 않던가?" 그러나 그분이 우리와 함께 걷고 계실 때는 모든 것이 너무나 가까이 있어서 미처 반성해 볼 겨를이 없다.

이 신비로운 현존現存이야말로 성찬례 거행중에 "말씀 전례"가 우리에게 와닿게 하고자 하는 것이다. 바로 이 신비로운 현존이야말로 우리가 성찬생활을 살아 갈 때 끊임없이 계시되는 것이다. 구약과 신약 성서에서 뽑은 독서들과 이에 이어지는 강론은 예수께서 우리의 슬픔 속에 함께 걸으실 때 그분의 현존을 식별하기 위해 우리에게 주어진다. 날마다 다른 독서가 있다. 날마다 다른 설명이나 권고 말씀이 있다. 날마다 우리와 동반하는 말씀이 있다. 우리는 하느님으로부터 오는 말씀 없이 살 수 없다. 그 말씀이 우리를 슬픔에서 끌어내어 올려놓는 거기서부터 우리는 참으로 산다는 것이 무엇인지를 발견할 수 있다.

읽거나 말하는 이 말씀들이 우리에게 정보나 훈시나 영감을 주기 위해 있으면서도 무엇보다 예수님 자신을 현존하게 하는 것이 그 첫째 의미임을 아는 것은 중요한 일이다. 우리가 걸어가는 길 위에서 예수께서 당신 자신에 관한 대목을 풀이해 주신다. 출애굽기든 시편이든 예언서든 복음서든 우리가 읽는 것 모두가 우리 마음을 뜨거워지게 하기 위해 있다. 성찬례의 예수 현존은 무엇보다도 먼저 말씀을 통한 현존이다. 말씀을 통한 현존이 없다면 우리는 빵을 나눔에서 이루어지는 현존을 인식할 수 없을 것이다.

우리는 말이 싸구려가 된 세상에 살고 있다. 말들이 우리를 뒤덮고 있다 — 광고들에서, 간판과 교통 표지판들에서, 팜플렛과 크고 작은 책자들에서, 칠판과 환등과 차트들에서, 스크린과 뉴스 보도판들에서. 말들이 움직인다, 명멸하고 빙빙 돌며 점점 크고 밝고 굵어진다. 온갖 크기와 온갖 빛깔로 쏟아지는 말들 — 하지만 결국 우리는 말한다. "글쎄, 그저 말일 뿐"이라고. 말들은 숫자가 늘어나면서 가치가 줄어들었다. 말의 주된 가치는 정보 제공에 있는 것으로 보인다. 말은 정보를 준다. 무엇을 할지 또는 어떻게 할지, 어디로 갈지 그리고 어떻게 갈지를 알기 위해 우리는 말이 필요하다.

그러고 보면 성찬례에서도 말씀들이 주로 정보를 주는 것으로 경청된다는 것 또한 놀랄 일은 아니다. 성찬례의 말씀들은 이야기를 들려 주고 교훈을 일러 준다. 그런데, 우리 대부분이 전에 이미 자주 들었던 말씀인지라 우리에게 깊이 와닿는 일이 드물다. 자주 우리는 좀처럼 이 말씀들을 귀담아 듣지 않는다. 너무나 귀에 익어 있어서 놀라거나 감동하게 될 것을 예상하지 않는다. "똑같은 옛 이야기"로서 듣고 있다 ― 책에서 읽든 강론대에서 말하든.

비극인즉, 이 때 말씀이 그 성사성聖事性을 잃게 된다는 것이다. 하느님 말씀은 성사스런 성질이 있다. 이것은 그 말씀이 성스러우며, 성스런 말씀으로서 그것이 가리키는 것을 현존하게 한다는 것을 뜻한다. 예수께서 길에서 슬픈 두 길손에게 말씀하시고 당신 자신에 관한 말씀인 성서를 풀이해 주실 때 그들은 마음이 뜨거워지기 시작했다. 즉, 그분의 현존을 체험한 것이다. 예수께서는 당신 자신에 관해 말씀하시면서 그들에게 현존하게 되셨다. 예수께서 그들에게 말씀을 하신 것은 단순히 그들이 당신을 생각하게 하거나 당신 자신에 관해 그들을 가르치거나 그들에게 당신 기억을 되살리기보다 훨씬 큰 행동이었다. 당신 말씀을 통해 당신 자신이 실제로 그들에게 현존하게 되셨다. 이것이 우리가 말씀의 성사성이라는 말로써 뜻하는 것이다. 말씀은 그것이 표현하는 것을 창조한다. 하느님 말씀은 언제나 성사성이 있다. 창세기에서 우리는 하느님이 세상을 창조하셨다는 이야기를 듣거니와, 히브리어

로는 "말하다"와 "창조하다"에 해당하는 낱말이 같은 낱말이다. 글자 그대로 직역하면 창세기는 "하느님이 빛을 말씀하시니 빛이 있었다"라고 말한다. 하느님께는 말하기가 창조하기다. 하느님 말씀이 성스럽다고 말할 때 그것은 하느님 말씀이 하느님 현존으로 충만해 있다는 것을 뜻한다. 엠마오 가는 길에서 예수께서는 당신 말씀을 통해 현존하게 되셨고, 그것은 슬픔을 기쁨으로, 울기를 춤추기로 변형시키는 그런 현존이었다. 이것이 성찬례에서마다 일어나는 일이다. 읽고 말하는 말씀은 우리를 하느님 현존 속으로 이끌어 우리 마음과 정신을 변형시키고자 하는 것이다. 자주 우리는 말씀을 들을 때 듣고 나가서 우리 삶을 고치도록 하라는 그런 훈계라고 생각한다. 그러나 말씀의 충만한 힘은 우리가 듣고 나가서 우리의 삶에 적용하는 거기에 있는 것이 아니라 우리가 듣고 있는 그 때 우리를 변형시키는 하느님의 힘이 작용하는 거기에 있다.

복음서들에는 말씀 안에 하느님이 현존하시는 사례들이 가득 차 있다. 나 자신이 언제나 감동을 받고 있는 예를 들자면, 예수께서 나자렛 회당에서 이사야서를 읽으시는 대목이다.

"주님의 말씀입니다"

주님의 영이 내게 내리셨으니,
과연 주님께서 내게 기름을 부으셨도다.
주님께서 나를 보내셨으니,
가난한 이들에게 복음을 전하고
포로들에게는 해방을,
눈먼 이들에게는 눈뜰 것을 선포하며
억눌린 이들을 풀어 보내고
주님의 은혜로운 해를 선포하게 하시려는 것이로다.

(루가 4,18-19)

이 말씀을 읽고 나서 예수께서 말씀하셨다. "이 성경 말씀이 오늘 여러분이 듣는 가운데서 이루어졌습니다." 여기서 문득 분명해진다 — 병든 이, 갇힌 이, 눈먼 이, 억눌린 이 들이란 회당 밖 어딘가에서 어느 날엔가 해방될 그런 사람들이 아니다. 바야흐로 귀를 기울이고 있는 그 사람들이다. 그리고 귀를 기울이고 있는 거기서 하느님이 현존하고 치유하신다.

하느님 말씀은 나중에 어느 날 우리가 일상생활에 적용하게 될 그런 말씀이 아니다. 지금 여기서 우리가 귀를 기울임을 통해서 또 그러는 동안에 하느님이 우리를 치유하고 계시는 그런 말씀이다.

그러므로 문제는 이것이다. 내가 말씀을 들을 때 어떻게 하느님이 나에게 오시는가? 어디서 나는 하느님의 치유하시는 손이 말씀을 통해 나를 만지고 있음을 알아보는가? 어떻게 나의 슬픔, 나의 비탄, 나의 울음이 바로 이 순간에 변형되고 있는가? 나는 하느님 사랑의 불이 나의 마음을 정화하고 나에게 새 삶을 주고 있다는 것을 느끼고 있는가? 이런 물음이 나를 하느님이 실제로 현존하시는 곳인 말씀의 성사로 이끈다.

말의 실용성이 말의 주된 가치가 되어 있는 그런 사회에서 살고 있는 사람에게는 위의 말이 퍽 생소하게 들릴지도 모른다. 그러나 우리들 대부분이 이미, 일반적으로 무의식중에, 발설된 말의 치유력과 파괴력을 알고 있다. 누군가가 나에게 "사랑한다" 혹은 "미워한다"고 했을 때 나는 그저 어떤 유용한 정보를 받아들이기만 하는 것이 아니다. 이런 말은 내 안에 무엇인가를 **실현**한다. 내 피가 움직이고 내 가슴이 뛰며 내 숨결이 빨라지게 한다. 내가 달리 느끼고 생각하게 한다. 나를 새로운 존재 방식으로 옮겨놓고 나 자신에 대한 다른 인식을 나에게 준다. 이런 말은 나를 치유하거나 파괴하는 힘이 있다.

"주님의 말씀입니다"

예수께서 동행하며 성서를 설명해 주실 때 우리는 우리를 창조한 그 말씀이 또한 우리를 치유하리라고 신뢰하면서 우리 온 존재를 기울여 들어야 한다. 하느님은 우리에게 현존하고자 하시고 그래서 두려움에 찬 우리 마음을 철저히 변형시키고자 하신다.

말씀의 성사성을 통한 하느님의 현존은 당신 몸소 친밀하게 우리 안에 와 계시는 그런 현존에서만 그치는 것이 아니다. 그것은 또한 구원의 큰 역사 속에서 우리에게 어떤 자리를 주시는 그런 현존이다. 우리에게 현존하시는 하느님은 우리 마음의 하느님이실 뿐 아니라, 또한 아브라함과 사라, 이사악과 리브가, 야곱과 레아의 하느님, 이사야와 예레미야의 하느님, 다윗과 솔로몬의 하느님, 베드로와 바울로의, 프란치스코 성인과 도로시 데이의 하느님이시다 — 세상을 포용하는 그분의 사랑이 우리 길동무이신 예수 안에 계시된 그런 하느님이시다.

성찬례의 말씀은 우리를 큰 구원 역사의 일부로 삼는다. 우리의 작은 역사들을 하느님의 큰 역사 속으로 들어올려 거기서 독특한 자리를 준다. 우리를 들어올려 우리의 일상 생활이 실은 하느님의 약속이 성취되는 데 필요한 구실을 하는 성스런 삶임을 보게 한다. 읽거나 말하는 성찬례의 말씀은 우리가 마리아와 함께 이렇게 말할 수 있게 한다. "주님께서 당신 여종의 비천함을 굽어보셨도다. 보라, 이제부터 만세가 나를 복되다 하리니, 권능 떨치는 분이 큰 일을 내게 하셨도다. … 우리 조상들에게 말씀하신 대로 자비가 아브라함과 그 후손에게 영원토록 미치리로다."

여기서 우리는 알게 되거니와, 성찬은 우리가 그것을 거룩한 전례로 거행할 때 우리를 성찬생활로 부른다 ─ 만세를 통해 현존하고 구원하시는 하느님의 성스런 역사 속에서 우리에게 맡겨진 구실을 끊임없이 의식하는 그런 삶으로. 우리 삶의 큰 유혹인즉 우리 자신의 선민 구실을 부정하고 그래서 일상생활 걱정들에 갇혀 버리기를 스스로 허용하는 그것이다. 우리를 하느님 선민으로 계속 들어올리고 있는 말씀이 없다면, 우리는 일상의 생존 다툼에서 솟아나는 불평들 속에 처박힌 보잘것없는 사람들로 머물러 있거나 그렇게 되고 말 것이다. 우리 마음을 뜨겁게 하는 말씀이 없다면, 우리는 태양 아래 새로운 것이란 없다는 슬픈 사실에 체념한 채, 집으로 돌아가기보다는 훨씬 큰 그런 일을 할 수 없을 것이다. 말씀이 없다면, 우리네 삶은 좀처럼 의미도 활력도 정력도 없는 그런 삶에서 그칠 것이다. 말씀이 없다면, 우리는 보잘것없는 관심을 가지고 보잘것없는 삶을 살다가 보잘것없는 죽음을 죽는 보잘것없는 사람들일 뿐일 것이다. 말씀이 없다면, 우리는 그런대로 지방 신문이나 심지어 전국 신문에서 하루 이틀 소식 거리가 될지는 모를지언정, 우리를 복되다고 일컬을 세대란 없을 것이다. 말씀이 없다면, 우리의 소외된 괴로움과 슬픔들이 우리 내면의 성령을 말살하고 우리를 쓰라린 한탄의 희생자로 만들지도 모른다.

우리는 길동무가 되어 당신 현존을 알려 주시는 그분이 이야기하고 풀이해 주시는 말씀이 필요하다 — 먼저 뜨거운 마음으로, 그분이 우리 곁에 와 계심을 알아볼 필요가 있다. 우리가 경직된 마음에서 벗어나 감사하는 마음이 되도록 용기를 주는 것은 이 현존이다. 감사하는 사람들로서 우리는 우리 마음을 뜨거워지게 하신 그분을 우리 집으로, 우리 집의 친밀한 일치 속으로 모셔들일 수 있다.

== 다 ==

낯선이를 모셔들임

"믿나이다"

낯선이에게 귀를 기울일 때 두 길손의 슬픈 가슴 속에서 무엇인가 달라진다. 새로운 희망과 새로운 기쁨이 내면 깊이 뭉클한 감동으로 다가온다. 발걸음도 한결 가벼워져 있다. 낯선이가 새로운 방향 감각을 준 것이다. "집으로 간다는 것"이 이제 남은 유일한 갈 곳으로 돌아간다는 것을 뜻하지 않는다. 집이라는 것이 한갓 필요한 은신처, 달리 무엇을 할지 모르는만큼 거기서나 머물 수밖에 없는 그런 집 이상의 것이 되어 있다. 낯선이가 그들의 여행에 새로운 의미를 준 것이다. 썰렁하던 그들의 집이 따뜻이 손님을 맞아들이는 곳, 뜻밖에 시작된 대화를 이어갈 장소가 되어 있다.

상실감에 잠겨 있을 때는 주위 만사가 그 잃어버린 것을 얘기한다. 나무·꽃·구름·언덕·골짜기 … 모두가 슬픔을 되비춘다. 모두 통곡자가 된다. 고운 임이 죽으면 삼라만상이 가신 임을 얘기한다. 바람결마다 그

낯선이를 모셔들임

이름을 속삭이고, 가지마다 잎새를 숙여 그 죽음을 애
도하며, 모란도 철쭉도 그 몸을 덮을 꽃잎을 바친다.
그러나 곁에 누군가가 함께 나아가며 신비로운 진리에
마음을 열어 주고 있을 때, 벗의 죽음은 마지막만이 아
니라 또한 새로운 시작이라고, 잔인한 숙명만이 아니라
또한 자유로 가기 위해 필요한 길이라고, 징그럽고 무
시무시한 파멸만이 아니라 또한 영광으로 이끄는 고통
이라고 말해 주고 있을 때, 그 때는 창조계를 통해 울
리는 새로운 노래를 점점 알아차릴 수 있고 집으로 간
다는 것이 마음의 가장 깊은 욕구에 부응하게 된다.
　낯선이가 말한 모든 낱말 가운데 길손들의 정신에
붙박이게 된 한 마디가 있으니, 곧 "영광"이다. "그리
스도는 그런 고통을 겪고 나서 영광에 들어가게 되어
있지 않습니까?" 하고 그 낯선이는 말한 것이다. 그들
의 마음과 정신은 아직도 몹시 죽음과 파멸이라는 심
상에 차 있었다. 그런데 이제 여기 그 "영광"이라는 낱
말이 있다. 어울리지 않은 말 같건만, 그런데도 이 낯
선이가 말하니 그들의 마음에 불을 놓고 전에는 볼 수
없었던 것을 보게 하는 것이다. 전에는 마치 흙을 덮은
거름만 보느라고 흙에서 싹텄던 나무의 열매들은 본

적이 없는 것만 같았더랬다. 영광·빛·광채·아름다움·진리 — 그 모두가 그다지도 비현실적이고 못 미칠 머나먼 것으로만 보였더랬다! 그러나 이제는 공중에 새로운 소리들, 들판에 새로운 빛깔들이 있다. 집으로 간다는 것이 좋은 일이 되어 있다. 집이 우리를 부르고 있구나. 집은 식탁이 있는 곳이지 — 벗들과 더불어 둘러앉아 먹고 마실 식탁이!

그런데 낯선이는? 우리 벗이 되어 있지 않은가, 우리 마음이 뜨거워지게 하고 우리 눈과 귀가 열리게 하는 길동무가! 그리고 우리 집은 벗들이 오기에 좋은 곳이 되어 있지 않은가. 그래서 그들은 말한다. "이미 날도 저물어 저녁때가 되었으니 우리와 함께 묵읍시다." 초대해 달라 해서가 아니다. 하룻밤 묵어 가기를 청해서가 아니다. 실은 가던 길을 더 가려는 태세인데도 굳이 붙들어서, 기어이 함께 머물자고 우기다시피 해서, 낯선이는 그럼 그러자고 함께 묵으러 들어간다.

아마도 우리는 성찬례를 우리가 예수께 함께 머물자고 청하는 초대로 생각하기에 익숙해 있지 않은 것 같다. 우리는 예수께서 우리를 당신 집에, 당신 식탁에 초대하신다고 생각하는 경향이 더 크다. 예수께서는 그러나 초청이 없다면 다른 데로 계속 가시려 한다. 예수께서 우리에게 당신을 모셔들이도록 강요하시는 일이 없다는 것을 깨닫는 것은 매우 중요하다. 우리가 모셔들이지 않는 한, 그분은 언제까지나 낯선이로 남아 계실 것이다. 흥미로운 대화를 나누었던 무척 매력있고 지성있는 낯선이일 수는 있을지언정, 어디까지나 낯선이일 따름일 것이다.

우리 슬픔을 한결 덜어 주시고 우리 삶이 우리가 상정했던 것처럼 그리 하찮고 작은 것이 아님을 보여 주신 다음에조차, 그분은 여전히 길에서 만났던 사람, 길 가다 마주쳐 한동안 애기를 나누었던 눈여겨볼 만한 사람, 우리 가족과 친구들에게 이야기해 줄 수도 있는 심상찮은 인물, 그쯤에 그치고 말 수도 있다.

내 마음을 뜨거워지게 했으나 내가 그를 우리 집에 초대하지는 않았던 그런 사람과의 만남에 관한 수많은 기억을 나는 가지고 있다. 더러는 긴 비행기 여행에서, 더러는 기차 안에서, 더러는 파티에서 그런 일이 일어난다. 나중에 나는 친구들에게 말한다. "오늘 내가 누굴 만났는지 아나? 아주 환상적인 사람이야. 하도 놀라운 말들을 해서 내 귀가 의심스러울 지경이었지. 마치 절친한 친구 같았어. 그럼, 내 생각을 읽을 수 있고 오래 전부터 날 알고 있던 사람처럼 말을 할 수 있었지. 아주 남다른 데가 있는 탄복할 만한 분이더라고. 자네들도 만나 보았으면 좋았을 걸! 하지만 가던 길을 계속 가더군 … 어디로 갔는지는 몰라!"

이런 낯선이가 아무리 흥미롭고 자극적이고 영감적이라 하더라도 내가 그를 집으로 모셔들이지 않는다면 정작 아무 일도 일어나지는 않는다. 몇 가지 새로운 생각을 얻을 수는 있겠지만 내 삶은 기본적으로 여전히 그대로일 뿐이다. 관계를 지속하고자 하는 욕구의 표현인 초대가 없다면 우리가 들은 좋은 소식은 지속적인 열매를 맺을 수 없다. 그것은 날마다 우리 위에 쏟아지는 온갖 "소식" 가운데 하나일 따름이다.

이것이 좋은 만남이라도 깊은 관계가 되지는 못하는 우리네 현대 사회의 한 특징이다. 우리네 삶은 좋은 충고, 유익한 생각, 훌륭한 관점들로 차 있지만, 이들은 단순히 여러 다른 생각과 관점에 더해질 뿐, 그래서 우리를 "무관한" 채로 남겨 둔다. 이런 정보 과잉 사회에서는 지극히 의미심장한 만남마저 여러 "흥미로운 일" 가운데 하나로 귀착하고 말 수 있다.

낯선이를 모셔들임

"와서 함께 머물자"는 초대로써만 흥미로운 만남이 변형시키는 관계로 발전할 수 있다.

성찬례의 — 그리고 우리네 삶의 — 가장 결정적인 순간의 하나는 초대의 순간이다. 우리는 어떻게 말하는가? "만나뵙게 되어 정말 좋았습니다. 깊은 통찰과 충고와 격려에 감사합니다. 남은 여행 즐겁게 하시기 바랍니다. 안녕히 가십시오!" 그러는가, 아니면 "말씀을 듣고 보니 제 마음이 달라지고 있군요. … 부디 우리 집에 들어와서 제가 어디서 어떻게 살고 있는지 보아 주십시오" 그러는가? 와서 보라는 이 초대는 만사를 달라지게 하는 초대다.

예수는 매우 흥미로운 인물이다. 그분의 말은 슬기에 차 있다. 그분의 현존은 마음을 뜨거워지게 한다. 그분의 상냥함과 친절함은 깊은 감동을 준다. 그분의 메시지는 매우 도전적이다. 그러나, 우리는 그분을 우리 집으로 모시는가? 우리는 그분이 우리의 가장 내밀한 삶의 벽 안에까지 들어와서 우리를 알게 되시기를 바라는가? 함께 사는 모든 이에게 그분을 소개하고 싶어하는가? 그분이 우리 일상생활 속에서 우리를 보시기를 바라는가? 우리 집 안방으로도, 우리 자신은 차라리 안전하게 잠가 놓고 싶은 그런 방으로도 들어오시기를 원하는가? 날이 저물어 저녁때가 되었을 때 우리와 함께 묵으시기를 참으로 원하는가?

성찬은 이런 초대를 요구한다. 그분 말씀에 귀를 기울일 때 우리는 "흥미롭구나!" 이상의 말을 할 수 있어야 한다. 감히 이렇게 말할 수 있어야 한다. "당신을 신뢰합니다. 저 자신을, 저의 모든 것, 몸과 정신과 영혼과 함께 맡겨 드립니다. 당신 앞에서는 어떤 비밀도 지키고 싶지 않습니다. 당신은 제가 가진 모든 것을 보고 제가 말하는 모든 것을 들으실 수 있습니다. 이제는 당신이 낯선이가 아니고 저의 가장 친밀한 벗이 되시기를 바랍니다. 길을 가며 길동무에게 이야기할 때만이 아니라 가장 내밀한 느낌과 생각을 가지고 저 자신이 혼자임을 발견하게 되는 그런 때에도 당신은 저를 알고 계시기를 바랍니다. 그리고 무엇보다도, 제가 당신을 여정의 동반자만이 아니라 영혼의 동반자로서 알게 되기를 바랍니다."

우리는 두려움에 찬 사람들이므로 이런 말을 하기란 쉬운 일이 아니다. 우리는 자신의 모든 부분을 남에게 쉽사리 맡기지 않는다. 완전히 개방되어 상처받기 쉽다는 데 대한 우리의 두려움은 알고 싶고 알려지고 싶은 우리의 욕구와 맞먹는 힘을 부린다.

심지어 나 자신에게조차 숨기고 싶은 그런 부분도 있다. 차라리 그런 것이란 있지도 않은 양 살고 싶을 만큼 나에게 귀찮은 그런 생각과 느낌도 있다.

나 자신도 못 믿는데 어떻게 다른 누구를 믿을 수 있을까? 그런데도, 나의 가장 깊은 욕구는 사랑하고 사랑받는 것이다. 그리고, 그것은 내가 기꺼이 알고자 하고 알리고자 할 때만 가능하다.

예수께서는 우리를 친밀하게 알고 사랑하는 착한 목자로서 당신을 열어보이신다. 그러나, 우리는 그분께 알려지기를 원하는가? 그분이 우리 내면 생활의 방마다 자유로이 들어와서 나쁜 면도 좋은 면도, 그늘도 빛도 보시기를 원하는가? 아니면 차라리 우리 집에 들어오지 말고 가던 길이나 계속 가시기를 바라는가? 결국 문제는 이것이다. "우리는 참으로 그분을 신뢰하며 우리 자신의 모든 부분을 그분께 맡기는가?"

독서와 강론 다음에 우리가 "하느님 아버지와 아드님과 성령을, 공번된 교회와 성도들의 친교와 죄의 사함을, 육신의 부활과 영원한 생명을 믿나이다" 할 때,

그것은 우리가 예수님을 우리 집으로 모시고 그분께 우리 자신을 맡기는 것이다.

성찬례의, 또 더욱이 우리네 성찬생활의 한 순간으로서 이 신경信經은 교회 교리의 한 요약보다 훨씬 크다. 그것은 신앙의 고백이다. 그리고 "신앙"이란 피스티스πίστις라는 그리스어 낱말이 보여주듯이 신뢰 행위다. 큰 긍정의 응답이다. 성서를 당신에 관한 기록으로서 설명해 주신 분께 "예, 그렇습니다" 하는 것이다. 그분이 하신 말씀만이 아니라 그 말씀을 하신 그분께도 깊이 "예" 하는 것이다. 이것이야말로 우리를 마침내 식탁으로 데려간다. "예, 당신을 신뢰하며 당신께 우리 삶을 맡깁니다"라고 말할 수 있을 때, 우리는 단순히 그분 현존 속으로 들어가는 것을 넘어서 감히 우리 자신을 열어 그분과 친교할 수 있다.

길가던 두 친구는 낯선이를 함께 묵자고 초대한다. "손님"을 대접하는 주인이 되고자 한다. 낯설음을 떨치고 벗이 되고자 낯선이를 모셔들인다. 이것이 바로 진정한 손님 대접의 전부다. 낯선이가 벗이 될 수 있는 안전한 자리를 마련해 주는 것이다. 두 벗과 한 낯선이가 이제 같은 식탁에 함께 어우러진 세 벗이다.

낯선이를 모셔들임

식탁은 친밀의 장소다. 그 둘레에서 우리는 서로를 발견한다. 식탁은 함께 기도하는 곳, "오늘 어떻게 지냈니?" 하고 물어 보는 곳, 함께 먹고 마시며 "자, 좀 더 들어!" 하는 곳이다. 옛 이야기와 새 이야기의 장소, 미소와 눈물의 장소다. 식탁은 또한 거리감이 가장 괴롭게 느껴지는 곳이다. 자식들이 아버지와 어머니 사이의 긴장을 느끼는 곳, 오누이들이 분노와 질투를 드러내는 곳이다. 책망들이 나오는 곳, 접시와 잔이 폭력의 도구가 되는 곳이다. 식탁 둘레에서 우리는 우애와 친교가 있는지 증오와 분열이 있는지를 안다. 식탁이야말로 온 가족을 위한 친밀의 장소이기에 또한 친밀의 부재가 가장 고통스럽게 드러나는 곳이다.

예수께서는 죽음을 앞둔 저녁에 제자들과 함께 식탁 둘레에 모였을 때 친밀과 거리를 둘 다 열어보이셨다. 빵과 잔을 우정의 표지로서 함께 나누셨으나, 또한 "보시오, 여기 식탁 위에 나를 배신할 사람의 손이 나와 함께 있습니다" 하셨다.

나 자신의 어릴 적을 상기할 때면 나는 우리 가족 잔치, 특히 축일 잔치가 가장 자주 떠오른다. 성탄절 장식, 생일 케이크, 부활절 촛불, 웃음짓는 얼굴 들 …

“믿나이다”

그러나 화가 나서 내뱉던 말, 휙 나가 버리던 몸짓, 훌쩍이며 흘리던 눈물, 어쩔 줄 몰라하던 표정, 끝이 없을 듯한 침묵 들도 기억난다.

함께 자거나 먹을 때야말로 가장 상처입기 쉽다. 침상과 식탁은 친밀의 두 장소다. 또한 가장 큰 고통의 두 장소다. 그리고 아마도 이 두 장소 가운데 식탁이야말로 가장 중요하겠는데, 가족 모두가 모이는 곳이요 가정 공동체의 우애와 손님 대접과 참된 관대함이 표현되고 실현될 수 있는 곳이기 때문이다.

예수께서는 초대를 받아들여 길동무들의 집으로 들어가서 함께 식탁에 앉으신다. 그들은 그분을 가운데 윗자리로 모신다. 그분이 중심에 계시고 그들은 옆옆이 있다. 그들이 그분을 바라본다. 그분이 그들을 바라보신다. 친밀, 우정, 친교가 있다. 그 때 새로운 일이 일어난다. 훈련되지 않은 눈에는 좀처럼 띄지 않을 일이다. 예수께서는 제자들의 손님이지만 그들의 집에 들어가자마자 그들의 주인이 되시는 것이다! 그리고 주인으로서, 그들이 당신과의 충만한 일치에 들어오도록 초대하시는 것이다.

하나 되어 들어옴

"받아 먹으시오"

예수께서 제자들의 집으로 들어가시자 그 집은 그분의 집이 된다. 손님이 주인이 된다. 초대받은 이가 이제 초대하신다. 낯선이를 신뢰하여 안방으로 모실 만큼 된 두 제자가 이제 스승의 내면의 삶으로 인도된다. "예수께서 함께 식탁에 자리잡으시자 빵을 들고 축복하신 다음 떼어서 건네주셨다." 그처럼 단순하고 그처럼 범상하며 그처럼 분명한 일인가 하면, 그런데도 — 그처럼 아주 다른 일이 일어난다! 벗들과 더불어 빵을 나눌 때 달리 어떻게 할 수 있으랴? 들어서 축복하고 떼어서 줄밖에. 그렇게 하자는 것이 빵이다. 들어서 축복하고 떼어서 주는 것이다. 새로운 것도 없고 놀라울 것도 없다. 나날이 집집마다 수없이 거듭 일어나는 일이다. 삶의 필수 요소다. 우리는 들어서 축복하고 떼어서 주는 빵이 없이는 정작 살 수 없다. 그것이 없이는 식탁 공동체도 우정 유대도 평화도 사랑도 희망도 없다. 그런데도, 그것이 있으면 모든 것이 새로워질 수 있다!

어쩌면 우리는 성찬이란 한 단순한 인간 몸짓임을 잊어버렸는지도 모른다. 제의, 촛불, 복사, 큼직한 경본, 뻗쳐든 팔, 커다란 제단, 성가, 사람들 — 어느 하나 매우 단순하고 매우 범상하며 매우 분명해 보이는 것이 없다. 우리는 자주 예절을 따라가며 의미를 알아듣기 위해 소책자가 필요하다. 그런데도, 어느 하나 저 작은 마을에서 세 친구 사이에 일어났던 일과 다른 의미로 거기 있어야 할 그런 것이란 없다. 식탁 위에 빵이 있다. 또 포도주가 있다. 빵을 들어서 축복하고 떼어서 준다. 그것이 평화의 식탁이기를 원하는 그런 식탁 둘레에서마다 일어나는 일이다.

우리 집에, 다시 말해 밝고 어두운 모든 면을 포함한 우리 삶에 초대받아 우리 식탁 윗자리에 앉으실 때마다, 예수께서는 빵과 잔을 들어 건네주며 말씀하신다. "받아 먹으시오, 내 몸이오. 받아 마시시오, 내 피이오. 나를 기억하여 이를 행하시오." 우리는 놀라는가? 사실 아니다! 그분이 길에서 말씀하실 때 우리 마음이 뜨거워지지 않았던가. 그분이 우리에게 낯선이가 아님을 이미 알았지 않은가. 우리네 지도자들에 의해 십자가에 못박히신 그분이 살아서 우리와 함께 계심을 알아차렸지 않은가. 그분이 빵을 들어서 축복하고 떼어서 주시는 것을 전에도 보았지 않은가 — 오랜 동안 당신 말씀에 귀기울이던 큰 무리 앞에서도, 유다가 당신을 고난에 넘겨주기 전에 다락방에서도, 수없이 여러 번, 긴 하루가 저물자 간단한 식사를 위해 식탁 둘레에서 우리와 어울리실 때도.

성찬은 가장 범상하면서도 우리가 상상할 수 있는 모습 가운데 가장 신성한 예수의 참모습이다. 그처럼 인간적이면서도 그처럼 신적이다. 그처럼 가까우면서도 그처럼 계시적이다! 그러나 그것은 "하느님의 모습을 지니고도 하느님과 같음을 무슨 노획물인 양 여기시지 않고, 도리어 자신을 비우고 종의 모습을 취해 사람들처럼 되셨으니, 어느 모로나 사람들과 같으시되 자신을 낮추어 죽음 곧 십자가의 죽음에 이르기까지 순종하신"(필립 2,6-8) 그런 예수 이야기다. 우리에게 가까이 오고자 하시는 하느님 이야기다 — 우리 자신의 눈으로 보고 우리 자신의 귀로 듣고 우리 자신의 손으로 만질 수 있을 만큼 가까이, 아무것도 우리와 그분 사이에 없을 만큼, 아무것도 분리하는 것이란 없을 만큼, 아무것도 갈라놓는 것이란 없을 만큼, 아무것도 거리를 낳는 것이란 없을 만큼 가까이.

예수는 우리를 위해 계신 하느님, 우리와 함께 계신 하느님, 우리 안에 계신 하느님이시다. 우리를 위해 당신 자신을 주시는, 남김없이 고스란히 내어주시는 하느님이시다. 예수께서는 뒤에 따로 당신 몫을 간직해 두거나 자신의 소유에 매달리시지 않는다. 줄 것이 있는 대로 모두 주신다. "먹으시오, 마시시오, 내 몸이오, 내 피이오 … 그대들을 위한 나이오!"

식탁에서 우리 자신을 주고자 하는 이런 욕구를 우리는 모두들 알고 있다. "먹고 마시시오, 내가 그대를 위해 장만한 거라오. 더 드시오, 그게 거기 있는 건 그대가 즐기라는 것, 힘을 얻으라는 것, 그렇지, 내가 그대를 얼마나 사랑하는지 느끼라는 것이라오." 우리가 갈구하는 것은 단순히 음식을 주는 것이 아니라 우리 자신을 주는 것이다. "나의 손님이 되어 다오" 하며 벗들에게 권하여 우리 식탁에서 함께 먹자고 할 때 우리가 말하고자 하는 것인즉 이것이다. "내 벗이 되어 다오, 내 동무가 되어 다오, 내 사랑이 되어 다오 — 내 삶의 일부가 되어 다오 — 나는 그대에게 나 자신을 주고 싶다오."

성찬에서 예수께서는 모든 것을 주신다. 빵은 단지 우리의 먹을 것이 되시려는 욕구의 표지만이 아니요, 잔은 그저 우리의 마실 것이 되시려는 원의의 표지만이 아니다. 그 주시는 행위에서 빵과 포도주는 당신 몸과 피가 **된다**. 참으로 빵은 우리를 위해 주시는 당신 몸이요, 포도주는 우리를 위해 쏟으시는 당신 피다. 하느님이 예수 안에서 우리를 위해 충만히 현존하시듯이, 예수는 성찬의 빵과 포도주 안에서 우리에게 충만히 현존하신다. 하느님은 옛적에 어느 머나먼 나라에서 우리를 위해 살이 되시기[成肉]만 한 것이 아니다. 성찬례가 거행되는 지금 이 순간, 우리가 식탁 둘레에 모여 있는 바로 여기서도 음식이 되신다. 하느님은 뒤에 따로 자기 몫을 간직하시지 않는다, 고스란히 다 주신다. 이것이 성육成肉의 신비다. 이것이 또한 성찬의 신비다. 성육과 성찬은 하느님이 당신 자신을 주시는 엄청나게 큰 사랑의 두 표현이다. 또 그래서 십자가 희생과 식탁 희생은 하나인 희생, 모든 시간과 모든 공간의 모든 인류에게 미치는 하나인 완전한 신적 자기증여다. 하느님의 전적인 자기증여적 사랑이라는 이 신비를 가장 잘 표현하는 낱말이 "콤무니오"communio다. 영성체 일치를 가리키는 이 낱말이야말로 예수 안에서 예수를 통해 하느님이 우리를 가르치고 훈시하거나 고취하실 뿐 아니라 우리와 하나가 되신다는 진리를 담고 있다. 하느님은 당신의 모든 것과 우리의 모든 것이 영속하는 사랑 속에 맺어질 수 있도록 충만히 우리와 결합하고자 하신다. 하느님과 우리네 인간이 관계를 맺어 온 오랜 역사 전체가 점점 깊어 가는 일치의 역사다. 결합과 분리와 재결합의 역사가 아니라 하느님 당신이 당신 모상으로 창조하신 이들과 친밀하게 일치하고자 새삼 새로운 길을 모색하시는 역사다.

아우구스티누스는 "오 하느님, 당신 안에 쉬기까지는 제 영혼에 쉼이란 없나이다"라고 했지만, 나는 우리 구원의 고문스런 역사를 살펴보노라면 우리가 하느님께 속하기를 동경하고 있을 뿐 아니라 하느님이 또한 우리에게 속하기를 동경하고 계시다는 것을 알아보게 된다. 마치 하느님이 우리에게 부르짖고 계신 것 같다. "사랑하는 내 조물아, 네 안에 쉴 수 있기까지는 내 마음에 쉼이란 없구나." 아담과 하와에서 아브라함과 사라까지, 아브라함과 사라에서 다윗과 바쎄바까지, 다윗과 바쎄바에서 예수까지, 그리고 예수로부터 언제까지나, 하느님은 당신 조물들이 당신을 받아들이기를 외치고 계시다. "나는 너희를 창조했다. 너희에게 내 모든 사랑을 주었다. 너희를 이끌어 주고 뒤밀어 주었으며, 너희 마음의 갈구들을 충족해 주기로 약속했다. 너희는 어디 있느냐, 너희 응답은 어디 있느냐, 너희 사랑은 어디 있느냐? 너희가 나를 사랑하게 하기 위해 내가 달리 무엇을 해야겠느냐? 나는 단념하지 않으련다, 계속 애써 보마. 어느 날 너희는 내가 얼마나 너희 사랑을 갈구하는지 발견하겠지!"

하느님은 일치를 갈구하신다 — 살아 있는 일치를. 서로가 주고받는 친밀, 참으로 상호적인 유대를. 강요되거나 "의지되는" 것은 아예 아니고 자유로이 제공되고 수용되는 일치를. 하느님은 인간의 보살핌에 의존하는 아기, 이끌어 줄 필요가 있는 소년, 학생들을 찾는 선생, 추종자들을 위해 외치는 예언자, 그리고 마침내는 병사의 창에 찔려 무덤 안에 누인 죽은 사람이 되신다. 이 이야기의 바로 마지막에 그분은 우리를 바라보며 서서 기대에 찬 다정한 눈으로 물으신다. "너는 나를 사랑하느냐?", 그리고 다시 "너는 나를 사랑하느냐?", 그리고 또 세번째로 "너는 나를 사랑하느냐?"

우리와 지극히 친밀한 관계를 이루고자 하시는 하느님의 이 치열한 갈구야말로 성찬례와 성찬생활의 핵심을 이룬다. 하느님은 특정한 시대에 특정한 나라에서 사는 한 사람이 되심으로써 인간 역사에 들어오고자 하셨을 뿐 아니라, 언제 어디서나 일용할 음식이 되고자 하신다.

그래서 예수께서는 빵을 들어서 축복하고 떼어서 우리에게 주신다. 그리고 그 때, 우리가 우리 손 안의 빵을 보고 입으로 가져갈 때, 그렇다, 그 때 우리 눈이 열리고 우리는 그분을 알아뵙는다.

성찬은 인식이다. 들어서 축복하고 떼어서 주시는 그분이 시간의 처음부터 우리와 하나 되어 들어오고자 갈구해 오신 바로 그분임을 충만히 알아차리는 것이다. 일치는 하느님이 원하시는 바요 우리가 원하는 바다. 하느님 마음과 우리 마음의 가장 깊은 외침이다. 우리는 그 창조자에 의해서만 충족될 수 있는 그런 마음을 가지도록 창조되어 있기 때문이다. 하느님은 하느님 당신말고는 누구도 충족시킬 수 없고 충족시키고자 하지도 않는 그런 일치에 대한 동경을 우리 마음 안에 창조하셨다. 하느님은 이것을 아신다. 우리는 아는 일이 드물다. 우리는 줄곧 어딘가 다른 데서 그런 소속감의 체험을 찾고 있다. 우리에게는 자연이 찬란하고 역사가 흥미진진하며 사람이 매력적으로 보일지언정, 빵을 쪼갠다는 그처럼 단순한 일, 그처럼 범상하고 장관스럽지 않은 일이 우리가 동경하는 일치를 발견할 그런 곳일 성싶어 보이지 않는다. 그런데도, 우리가 잃어버린 것들을 슬퍼했고 길에서 그분께 귀를 기울였으며 그분을 우리의 가장 깊은 내면으로 초대했다면, 우리는 우리가 받고자 기다려 온 일치가 그분이 주고자 기다려 오신 바로 그 일치라는 것을 알 것이다.

엠마오 이야기에는 영성체 일치의 신비로 우리를 곧바로 이끌어들이는 둘도 없는 문장이 있다. "… 예수를 알아보았는데, 그 순간 그분은 그들 앞에서 사라지셨다"라는 문장이다. 그분이 빵을 떼어 주심을 보고 두 친구가 그분을 알아뵙는 바로 그 순간, 그분은 이미 그들과 함께 계시지 않게 된다. 빵이 그들에게 먹도록 주어지는 그 때, 그들은 그분이 함께 식탁에 앉아 계심을 못 보게 된다. 그들이 먹게 되는 그 때, 그분은 보이시지 않는다. 그들이 예수님과 가장 친밀한 일치에 들어가는 그 때, 그 낯선이는 — 벗이 되셨으되 — 함께 계시지 않게 된다. 그분이 그들에게 가장 크게 현존하시게 되는 그 때, 그분은 또한 부재하는 분이 되신다.

여기서 우리는 성찬의 지극히 성스런 한 측면에 접한다. 곧, 예수와의 가장 깊은 일치는 그분의 부재중에 일어나는 일치라는 그런 신비다. 엠마오 가는 길의 두 제자는 여러 시간 동안, 그분께 귀를 기울이고 그분과 함께 마을에서 마을로 걸어가고 그분이 말씀하실 때 대꾸해 드리고 함께 쉬고 함께 먹고 했더랬다. 여러 해 동안, 그분은 그들의 교사요 지도자요 스승이었더랬다. 새롭고 더 나은 미래에 대한 그들의 희망 모두가 그분께 초점이 맞추어져 있었더랬다. 그런데도 … 그들은 충만히 그분을 알기에 이른 일이 없었고 충만히 그분을 이해하게 된 일이 없었다. 자주 그분은 "지금은 이해하지 못하지만 나중에 이해하게 될 것이오" 하셨고, 그들은 그분이 무슨 말씀을 하시려는 것인지 정작 몰랐다. 그들은 그분이야말로 일찍이 만나 본 다른 누구보다도 가깝다고 생각했건만, 그런데도 그분은 또 이어서 "내가 지금 이런 말을 해 주는 것은 … 나중에 내가 함께 있지 않게 될 때 기억하고 이해하도록 하려는 것이오" 하셨다. 어느 날은 심지어 당신이 떠나가시는 것이 좋은 일이라고까지 말씀하셨다. 당신의 영[聖靈]이 와서 그들을 당신과의 충만한 친밀로 이끄실 수 있도록 하기 위해서라고. 당신 영이 그들의 눈을 열어 당신이 누구시며 왜 당신이 그들과 함께 계시러 오셨던지를 충만히 이해하게 하시리라고.

예수께서 제자들과 함께 계시던 동안 내내 충만한 일치는 없었다. 과연 그들은 그분과 함께 머물렀고 그분 발치에 있었다. 과연 그들은 그분 제자였고 그분 벗이기조차 했다. 그러나 그들은 아직 그분과 충분히 일치하기에 이르지는 못했다. 그분의 몸과 피와 그들의 몸과 피가 아직 하나가 되지는 못했다. 여러 모로 그분은 아직도 다른 분, 저너머 계신 분, 그들을 앞서 가며 길을 가리켜 주시는 분이었다. 그러나 그분이 주시는 빵을 먹고 그분을 알아뵙게 되었을 때, 그것은 깊은 영적 깨달음이다. 이제 그분이 그들의 가장 깊은 내면에 깃들어 계시다는, 이제 그들 안에서 숨쉬고 그들 안에서 말씀하신다는, 그렇다, 그들 안에 살고 계시다는 그런 깨달음이다. 그분이 건네주시는 빵을 먹을 때 그들의 삶은 그분의 삶으로 변한다. 이제 그들 안에 살고 있는 이는 그들이 아니라 그리스도 예수이시다. 그리고 바로 그 지극히 신성한 일치의 순간에 그분은 그들의 시야에서 사라지셨다.

이것이 우리가 성찬례에서 또한 성찬생활에서 사는 일치의 삶이다. 그것은 하도 친밀하고 하도 거룩하고 하도 신성하고 하도 영적이어서 우리네 육신 감각으로는 이미 미칠 수 없는 그런 일치다. 이제 우리의 죽을 눈으로 그분을 보거나 우리의 죽을 귀로 그분을 듣거나 우리의 죽을 몸으로 그분을 만질 수는 없다. 그분은 어둠과 악이 미칠 수 없는, 죽음이 발붙일 곳 없는 그런 우리 내면의 장소로 우리에게 오셨다.

손을 내밀어 빵을 우리 손에 놓아 주고 잔을 우리 입술에 가져다 주실 때, 예수께서는 우리가 그분과 그처럼 멀리서 가졌던 더 쉬운 우정을 떨쳐 버리도록, 그런 우정에 속하는 느낌들과 심지어 그런 생각들마저 떨쳐 버리도록 요구하신다. 그분의 몸을 먹고 그분의 피를 마실 때, 우리는 이제 그분을 우리네 식탁 대화중의 격려자로서, 우리네 일상생활의 상실에 대처하도록 도와 주시는 분으로서 모시고 있지는 않다는 그런 외로움을 받아들인다. 그것은 그분이 우리가 우리 자신에게 가까울 수 있는 것보다도 더 우리에게 가까우시다는 것을 깨달아 아는 그런 영성생활의 고독이다. 신앙의 고독이다.

우리는 계속 "주님, 자비를 베푸소서" 하고 외칠 것이다. 우리는 계속 성서와 그 의미에 귀를 기울일 것이다. 우리는 계속 "예, 믿나이다" 하고 고백할 것이다. 그러나 그분과의 일치는 그 모든 것을 훨씬 넘어간다. 빛이 우리 눈을 멀게 하여 우리 온 존재가 어둠에 싸이는 그런 곳으로 우리를 데려간다. 바로 그 일치의 자리에서 우리는 "하느님, 내 하느님, 어찌하여 나를 버리셨나이까?" 하고 외친다. 바로 그 자리에서 또한 우리의 공허가 우리에게 "아버지, 당신 손에 내 영을 맡기나이다"라는 기도를 준다.

예수와 일치한다는 것은 예수처럼 된다는 것을 뜻한다. 우리가 예수와 함께 십자가에 못박히고, 예수와 함께 무덤에 놓이며, 예수와 함께 부활하여 길잃은 길손들의 길동무가 되는 것이다. 그리스도가 되는 것이다. 영성체의 일치에서 우리는 새로운 존재 영역으로 인도된다. 그 나라로 안내된다. 거기서는 행복과 슬픔, 성

하나 되어 들어옴

공과 실패, 칭찬과 질책, 건강과 병고, 생명과 죽음이라는 그런 낡은 구별들이란 없다. 거기서는 우리가 구분·판단하고 분석·평가하는 그런 세계에 속하지 않는다. 거기서는 우리가 그리스도께, 그리스도께서 우리에게, 그리스도와 함께 우리가 하느님께 속한다. 문득 빵을 먹고 그분을 알아본 두 제자가 다시 혼자들이다. 그러나 그들이 길을 나섰을 그 때의 그런 혼자들이 아니다. 함께 혼자들이며 서로 사이에 새로운 유대가 창조되었음을 아는 그런 혼자들이다. 그들은 이제 고개를 푹 숙이고서 땅을 내려다보지 않는다. 마주보며 말한다. "그분이 길에서 말씀하시고 성경을 풀이해 주실 때 우리 마음이 뜨거워지지 않던가?"

영성체 일치는 공동체를 창조한다. 그리스도께서 그들 안에 살면서 그들을 새로운 방식으로 함께 모으신다. 빵을 먹고 잔을 마심을 통해 그들 안에 들어오신 부활자 그리스도의 영이 그리스도 당신을 알아뵙게 했을 뿐 아니라 또한 서로를 새로운 신앙 공동체의 구성원으로 알아보게 한 것이다. 영성체 일치는 우리를 서로 바라보며 서로 말하게 한다 ― 최근 새소식에 관해서가 아니라 우리와 함께 걸으시던 그분에 관해서. 우리는 저마다가 이제 그분께 속하기에 서로에게 속하는 사람들로서 서로를 발견한다. 우리는 그분이 우리 시야에서 사라지셨기에 혼자들이지만, 저마다가 그분과 일치해 있고 그래서 그분을 통해 하나인 몸이 되었기에 함께 있다.

우리는 그분 몸을 먹었고 그분 피를 마셨다. 그렇게 해서 같은 빵과 같은 잔에서 취한 우리 모두가 하나인 몸이 되었다. 우리 안에 사시는 하느님이 우리 동료 인간들 안의 하느님을 알아뵙게 하시므로 영성체 일치는 공동체를 창조한다. 우리가 다른 사람 안의 하느님을 볼 수는 없다. 우리 안의 하느님만이 다른 사람 안의 하느님을 볼 수 있다. 이런 뜻에서 우리는 “영이 영에게 말씀하신다, 마음이 마음에게 말씀하신다, 하느님이 하느님께 말씀하신다”라고 한다. 하느님 내면의 삶에 참여함으로써 우리는 서로의 삶에 참여하는 새로운 길로 인도된다.

이것은 매우 “비현실적”으로 들릴지도 모른다. 그러나 우리가 그런 삶을 살 때는 그것이야말로 세상의 “현실”보다 더 현실적이 된다. 바울로는 말한다. “우리가 찬양하는 찬양의 잔은 그리스도의 피와 맺는 친교가 아닙니까? 우리가 떼는 빵은 그리스도의 몸과 맺는 친교가 아닙니까? 빵이 하나이니 우리는 여럿이지만 하나인 몸입니다. 우리는 모두 하나인 빵을 나누기 때문입니다"(1고린 10,16-17).

이 새로운 몸은 사랑의 영에 의해 이루어진 영적인 몸이다. 그것은 매우 구체적인 방식으로 나타난다. 즉, 용서, 화해, 상부상조, 궁지에 처한 사람들에게 대한 배려, 고통받는 모든 이와의 연대, 정의와 평화에 대한 끊임없이 커 가는 관심으로. 이리하여 영성체 일치는 공동체를 창조할 뿐 아니라, 공동체는 또 언제나 사명을 띠고 나아가게 된다.

== 마 ==

보냄받고 나아감

"가서 알리시오"

만사가 달라졌다. 상실이 이제는 힘빠지게 하는 일로 느껴지지 않는다. 집이 이제는 썰렁하게 빈 곳이 아니다. 얼굴을 숙이고 길을 나섰던 두 길손이 이제는 새로운 빛이 가득 찬 눈으로 서로를 바라본다. 낯선이가 벗이 되시어 당신 영을, 기쁨과 평화와 용기와 희망과 사랑의 신적 영을 주신 것이다. 이제 그들의 정신에 의심이란 없다. 정말 그분이 살아 계신 것이다! 그 전처럼 나자렛 출신 매혹적인 설교가요 치유자로서가 아니라 그들 내면의 새로운 숨으로서 살아 계신 것이다. 글레오파와 그의 친구는 새 사람이 되어 있다. 새로운 마음과 새로운 영이 주어져 있다. 또한 서로 새로운 벗이 되어 있다 — 이제는 잃어버린 것들을 슬퍼할 때 서로 위로와 의지가 되어 줄 수 있는 그런 사이만이 아니라, 함께 어떤 전할 말이 있는 사이, 어떤 중요하고 절박한, 어떤 숨겨진 채일 수는 없고 선포되어야 할 그런 것을 함께 가지고 있는 사이가 되어 있다. 그들은 서로 함께 있다는 사실이 흐뭇하다. 한 사람만 가서 말하면 다른 사람들이 아무도 믿어 주지 않겠지만, 함께 가서 말하면 모두들 잘 들어 주겠지.

다른 사람들도 모든 희망을 그분께 두고 있던 사람들이니 알 필요가 있고말고. 그분의 죽음을 앞두고 만찬을 함께했던 열한 사람, 여러 해 동안 그분과 함께 있었던 남녀 제자들, 그들도 두 사람에게 일어난 일을 알 필요가 있고말고. 만사가 다 지나간 일이 아니라는 것을 알 필요가 있고말고. 그분이 살아 계시며 그분이 빵을 건네어 주실 때 자기들이 그분을 알아보았다는 사실을 그들에게도 알릴 필요가 있고말고. 허송할 시간이 없고말고. "어서 가세!" 두 친구는 서로 말하고서, 주섬주섬 신발을 신고 저고리를 걸치고 지팡이를 잡아채어 친구들에게로 돌아가는 길을 서두른다. 그분이 살아 계시다고 천사들이 말하는 것을 들었다던 여자들 말이 옳다는 사실을 아직도 모를지도 모르는 그들에게로 돌아가는 것이다. 이 모든 것을 엠마오 이야기는 매우 적은 몇 마디로 요약한다. "그들은 곧바로 일어나 예루살렘으로 돌아갔다."

"가서 알리시오"

"귀향歸鄕"과 "귀경歸京" 사이에 얼마나 큰 차이가 있
는가. 회의와 신앙, 절망과 희망, 두려움과 사랑 사이
의 차이다. 풀이 죽어서 길따라 무거운 발을 질질 끌던
두 인간이더니, 이제는 벗들에게 전할 새 소식으로 온
통 신명이 나서 발걸음을 재촉하는, 때로는 달리기까
지 하는 두 벗이 되어 있다는 그런 차이다.

귀경은 위험이 없지 않다. 예수 처형 후 제자들은
자기네 운명이 어찌 될지 몰라 두려운 처지다. 그러나
주님을 알아뵙고 나자 두려움은 사라지고, 그들은 부
활의 증인이 될 자유가 있다 — 치를 대가도 아랑곳하
지 않고. 예수를 미워하던 그 사람들이 자기들도 미워
하리라는 것을, 예수를 죽인 그 사람들이 자기들도 죽
일지 모른다는 것을 그들은 알아차리고 있다. 귀경했
다가는 정말 목숨을 잃을지도 모르지. 말만이 아니라
피로써 증거하기를 요구받을지도 모르지. 그러나 그들
은 이제 순교를 두려워하지 않는다. 부활하신 주님이
가장 깊은 내면에 현존하시며 죽음보다 힘찬 사랑으로
그들을 채워 주신 것이다. 고향조차 "안전한" 장소를
의미하지는 않게 되었지만, 그들이 귀향길에서 돌아서
기를 막을 수 있는 것이란 아무것도 없다.

보냄받고 나아감

성찬례는 사명을 지워 파견하는 말로 끝난다. "미사가 끝났으니 가서 복음을 전합시다." "이테 미싸 에스트"Ite Missa est라는, 사제가 성찬례를 끝낼 때 사용하는 라틴말 원문은 글자 그대로 "가거라, 너는 보냄받았다"라는 뜻이다.

영성체가 끝이 아니다. 끝은 파견이다. 영성체의 일치라는 그처럼 신성한 하느님과의 친밀도 성찬생활의 마지막 동기는 아니다. 우리는 그분을 알아뵙게 되었지만, 그 인식이란 우리가 은밀히 맛보거나 비밀로 간직하기 위한 그런 것이 아니다. 막달라 마리아처럼 두 친구도 깊이 내면에서 "가서 알리시오"라는 말씀을 들었다. 이것이 성찬례의 마무리다. 이것이 또한 성찬생활의 마지막 부름이다. "가서 알리시오. 그대들이 듣고 본 것은 그대들만을 위한 것이 아니오. 형제자매들과 그것을 받아들일 차비가 되어 있는 모든 이를 위한 것이오. 가시오. 우물쭈물하지 말고, 기다리지 말고, 망설이지 말고, 지금 당장 일어나 떠나왔던 곳으로 돌아가서 은신처에 두고 온 그들에게 말하시오 ― '두려워할 것 없다네. 그분은 부활하셨다네, 정말 부활하셨다네!' 라고."

“가서 알리시오”

사명이란 누구보다도 먼저 우리에게 낯선이가 아닌 사람들에 대한 사명임을 깨닫는 것은 중요하다. 그들은 우리를 알고 좋아하며 예수에 관해 들었으나 용기를 잃은 사람들이다. 우리는 언제나 누구보다도 먼저 우리들 자신의 사람들에게 파견된다. 그것은 우선 우리 가족, 우리 벗들, 우리네 삶의 한몫인 친밀한 사람들에 대한 사명이다. 이것을 깨닫는다는 것은 그리 마음 편한 노릇이 아니다. 나는 언제나 나의 “별난 존재 방식”을 다루어야 했던 적이 없는 사람들에게보다 나를 친밀히 아는 사람들에게 예수에 관해 말하기가 더 어려움을 발견한다. 여전히 여기에는 큰 도전이 있다. 어떻게든 우리 체험의 진정성은 우리의 부모·배우자·자녀·형제자매, 우리를 너무나도 잘 아는 모든 사람들에 의해 시험을 받고 있다.

여러 번 우리는 들을 것이다. “글쎄, 또 그 사람 얘기로군. 글쎄, 또 그 여자 말이로군. 우리도 무슨 얘긴지 다 알고 있다구. 전에도 온갖 호들갑을 떨며 흥분하는 걸 봤다구. 그러다가 말겠지 뭘 … 전에도 그랬던 것처럼.” 흔히 이런 말은 적잖이 진실이다. 우리가 온통 흥분해서 집으로 달려왔다고 해서 왜 모두들 우리를 믿어 주어야 하랴? 왜 우리 말을 진정으로 받아들여야 하랴? 우리는 그다지 미더운 사람들이 아니다. 우리도 다른 가족이나 친구들과 별로 다르지 않다. 가뜩이나 이야기들이 하고많은 세상에 온갖 뜬소문도 별의별 설교자와 복음전도자도 수두룩하고 보면, 좀 회의주의자가 되어야 할 만한 충분한 이유가 있다. 우리와 함께 성찬례에 오지 않은 사람들도 우리보다 낫거나 못하지 않다. 그들도 예수 이야기를 들었다. 더러는 세례를 받았고 더러는 한동안 또는 오랜 동안 교회에 다니기조차 했다. 그러나 그러고는 점점 예수 이야기는 그저 한 이야기가 되고 말았다. 교회란 의무가 되고 성찬이란 예식이 되어 버렸다. 그 모두가 달든 쓰든 어떤 추억이 되고 말았다. 그들 안에서 어디선가 무엇인가가 죽어 버렸다. 그런데 왜 우리를 잘 아는 누구든지 갑자기 우리가 성찬례에서 돌아오자 우리를 믿어야 하랴?

바로 그렇기 때문에 필경 차이를 낳는 것은 그저 성찬례가 아니라 **성찬생활**이다. 날마다, 아니, 나날의 순간마다 우리에게는 상실의 고통이 있고 이 상실을 영광에 이르는 길로 삼아 살기로 선택하도록 요구하는 말씀에 귀를 기울일 기회가 있다. 날마다 또한 낯선이

를 우리 집에 모셔들여 우리를 위해 빵을 떼시게 할 가
능성이 있다. 성찬례는 우리 신앙생활이란 무엇인지를
요약해 준 것이고, 우리는 집으로 가서 힘 자라는 대로
꾸준히 또 충만히 그 삶을 살아야 하는 것이다. 그리고
이것은 매우 어려운 일이다. 집에 있는 누구나가 우리
를 하도 잘 알기 때문이다. 즉, 우리의 성급함을, 우리
의 질투를, 우리의 한탄을, 우리의 숱한 얕은 속셈들
을. 게다가 또 우리의 깨어진 관계도, 우리의 지켜지지
않은 약속도, 우리의 이행되지 않은 헌신 서약도. 우리
는 길에서 그분을 만났고 그분의 몸과 피를 받았으며
살아 있는 그리스도들이 되었다고 정말 말할 수 있는
가? 우리 집에 있는 누구나가 우리를 시험할 차비가 되
어 있는 것이다.

그러나 어떤 다른 것이 있다. 뜻밖의 놀라운 일이
흥분한 두 동료를 기다리고 있었다. 벗들이 모여 있는
방으로 달려온 그들이 새 소식을 들려 주려고 열이 나
있는 참인데 … 이 친구들이 그것을 이미 알고 있는 것
이었다! 그들이 가져온 좋은 소식은 전혀 새로운 소식
이 아니었다. 그들이 미처 그 이야기를 들려 줄 기회를
잡기도 전에 열한 사람과 그 동료들은 말했다. "주님께

서 정말 부활하여 시몬에게 나타나셨다네.” 썩 익살스런 노릇이다. 그들은 온통 흥분해서 숨이 차도록 이리로 달려 들어왔는데, 알고 보니 도성 안에 머물러 있던 사람들은 길에서 그분을 만나거나 그분과 함께 식탁에 앉지도 않았는데도 이미 그 소식을 들은 것이다. 예수께서 시몬에게 나타나셨는데, 시몬으로 말하면 그들과 함께 머물지 않고 만사가 끝장났다고 생각하며 집으로 가 버렸던 이 두 제자보다 오히려 훨씬 믿을 만했던 것이다. 물론 모두들 반가워하며 열심히 두 사람의 이야기를 들어 주었지만, 결국 그것은 과연 그분이 살아 계시다는 것을 또 한 번 확인하는 소식일 따름이었다.

예수께서 나타나시는 여러 방법이 있고 그분이 살아 계심을 알려 주시는 여러 방법이 있다. 성찬례에서 우리가 거행하는 사건은 우리에게 뜻밖일 수도 있는 여러 방법으로 일어난다. 우리에게 빵을 주신 예수께서는 우리가 길에서 그분을 만나기 오래 전에 이미 다른 사람들의 마음에 와닿아 계셨다. 그분은 어떤 여자의 이름을 부르셨고 그 여자는 그분임을 알았다. 그분은 몇 사람에게 당신 상처를 보여 주셨고 그들은 그분임을 알았다. 우리는 우리가 들려 줄 이야기가 있고 또 그렇게 하는 것도 중요하지만, 그것만이 유일한 이야기는 아니다. 우리는 우리가 수행할 사명이 있고 또 그래서 흥분하는 것도 좋지만, 먼저 다른 사람들이 할 말이 무엇인지 귀를 기울여야 한다. 그러고는 우리의 이야기를 말해 주면 기쁨을 가져다줄 수 있다.

이 모두가 공동체를 가리킨다. 뜨거워지는 마음에 관해 서로 말할 수 있었던 두 친구는 서로의 새로운 관계로, 둘 다가 체험한 일치에 바탕한 새로운 관계로 들어가기 시작하고 있었다. 그들의 예수와의 일치는 정작 공동체의 시작이었다. 그러나 오로지 시작이었다. 그들은 그분이 부활하셨음을 역시 믿는, 그분을 보았거나 그분이 살아 계심을 들은 다른 사람들을 만날 필요가 있었다. 서로 다른 여러 이야기를 듣고 예수와 예수의 영이 당신 백성 안에서 일하시는 여러 방법을 발견할 필요가 있었다.

예수를 **우리의** 예수로, 그분 사랑에 대한 **우리의** 체험으로, 그분을 아는 **우리의** 방식으로 좁혀 버리기는 하도 쉬운 일이다. 그러나 예수께서는 당신 영을 보내기 위해 우리를 떠나셨고, 당신 영은 원하는 곳으로 바람부신다. 신앙 공동체는 예수의 길에 관한 여러 이야기가 전해지는 곳이다. 이 이야기들은 서로 매우 다를 수 있다. 심지어 갈등을 일으키는 것처럼 보일지도 모른다. 그러나 우리가 많은 사람들을 통하여, 말로도 침묵으로도, 대면을 통해서도 초대를 통해서도, 부드러움으로도 단호함으로도, 눈물로써도 웃음으로써도 자신을 드러내시는 그런 성령께 주의깊게 귀를 기울이고 있을 때 — 그 때 우리는 점점 우리가 서로 속해 있음을, 예수의 영에 의해 함께 하나인 유기적 신비체가 되어 있음을 알아보게 된다.

성찬례에서 우리는 그 식탁을 떠나 우리 친구들에게로 가서 그들과 함께 예수님은 참으로 살아 계시며 우리를 불러 모아 새 백성 — 부활의 백성 — 이 되도록 하신다는 것을 발견할 것을 요청받는다.

여기서 글레오파와 그의 친구 이야기는 끝난다. 두 친구가 열한 사람과 그 동료들에게 자기들 이야기를 들려 주는 것으로 끝난다. 그러나 사명은 여기서 끝나지 않는다. 거의 시작하지도 않았다. 길 위에서와 식탁 둘레에서 일어난 일을 이야기하는 것, 그것은 우리가 그분을 다시 얼굴을 맞대고 뵐 때까지 우리 삶의 모든 날을 살아 갈 사명의 삶의 시작이다.

가족과 친구들과 더불어 공동체를, 사랑의 몸을, 부활의 새 백성을 이루는 것, 그것은 우리가 세상을 지배하는 어두운 세력으로부터 보호받는 삶을 살 수 있기 위해서만이 아니다. 그것은 오히려 우리가 함께 노소와 흑백과 빈부를 막론하고 만민에게 죽음이 마지막 발언권을 가지고 있는 것이 아니며 희망이 현실적이요 하느님이 살아 계시다는 것을 선포할 수 있게 한다.

성찬은 언제나 보냄이다. 우리를 마비시키는 상실감에서 해방하고 예수의 영이 우리 안에 살고 계심을 계시한 성찬례는 우리에게 세상 속으로 나아가서 가난한 이들에게 좋은 소식을, 눈먼이에게 빛을, 갇힌이에게 자유를 가져다주고 하느님이 다시 만민에게 호의를 보이셨음을 선포할 힘을 준다. 그러나 우리는 혼자서 파견되어 나가는 것이 아니다. 자기들 안에도 예수께서 살고 계심을 아는 우리 형제자매들과 함께 보내지는 것이다.

성찬에서 흘러나오는 움직임은 영성체에서 공동체로 또 봉사직으로 향하는 움직임이다. 우리의 영성체 체험은 먼저 우리를 우리 형제자매에게로 보내어 함께 우리들의 이야기를 나누고 함께 사랑의 몸을 이루게 한다. 그러고는 공동체로서 우리는 모든 방향으로 움직여 만민에게로 뻗어나갈 수 있다.

나는 공동체를 이룸이 없이 영성체에서 봉사직으로 가고 싶어하는 나 자신의 경향을 깊이 의식하고 있다. 나의 개인주의와 개인적 성공 욕구는 늘 또 새삼 혼자서 일을 하며 혼자 힘으로 봉사직 과업을 수행하려 하도록 나를 유혹하고 있다. 그러나 예수 당신은 혼자서 설교하고 치유하시지 않았다. 복음사가 루가는 예수께서 하느님과 일치하여 밤을 새우고 아침에 열두 사도와 공동체를 이루어 오후에 그들과 함께 군중에게 봉사하러 나가셨음을 우리에게 전한다. 이와 똑같은 순서로 예수께서는 우리를 부르신다 — 영성체에서 공동체로 또 봉사직으로. 그분은 우리가 혼자서 나가기를 바라시지 않는다. 함께 짝지어 내보내시지, 혼자 따로 내보내시는 일이 없다. 또 그래서 우리는 신앙의 몸에 속하는 백성으로서 증거할 수 있다. 우리는 가르치고 치유하고 고취하고 희망을 제시하러 세상에 파견된다. 그것은 우리 자신이 가진 독특한 기술의 행사가 아니라, 우리가 주기 위해 가진 모든 것이 우리를 함께 모으신 그분으로부터 온다는 우리 신앙의 표현이다.

성찬생활은 언제나 사명의 삶이다. 우리는 상실로 신음하는 세상에 살고 있다. 무자비한 전쟁이 민중과 그 나라를 파괴하고, 굶주림이 주민을 몰살하고, 범죄와 폭력이 무수한 남녀노소를 공포 속에 몰아넣는 그런 세상이다. 암과 에이즈, 콜레라와 말라리아, 그밖의 수많은 질병이 하고많은 사람의 몸을 망가뜨리고 있다. 지진·홍수·교통사고 … 이런 것들이 신문 지면과 텔레비전 화면을 채우고 있는 나날의 삶의 이야기다. 끝없는 상실의 세계다. 우리 동료 인간들의 대부분은 아닐지언정 다수가 이 지구 표면에서 고개를 푹 숙이고 걷고 있다. 그들은 어느 모로든 이런 말을 하고 있다. "우리는 희망을 걸고 있었는데 … 그러나 이제는 희망을 잃었다."

이것이 우리가 성찬생활을 살도록, 곧 뜨거운 마음과 열린 귀와 열린 눈으로 살도록 보냄받은 세상이다. 그것은 불가능한 임무로 보인다. 길 위에서나 뜰 안에서나 호숫가에서 그분을 만난 사람들의 이 작은 무리가 그처럼 어둡고 폭력적인 세상에서 무엇을 할 수 있는가? 그러나 하느님 사랑의 신비인즉, 우리에게 뜨거운 마음과 열린 귀와 눈이 있다면 우리는 우리 집의 친

보냄받고 나아감

밀한 일치 속에서 만난 바로 그분이 가난한 이·병든 이·주린 이·갇힌 이·쫓겨난 이 … 두려움 속에 사는 모든 이 가운데서 계속 당신 자신을 열어보이고 계심을 발견할 수 있으리라는 그것이다.

여기서 우리는 사명이란 비단 우리가 다른 사람들에게 가서 부활하신 주님에 관해 말하는 것만이 아니라, 또한 우리가 보냄받은 그 사람들로부터 그 증거를 받는 것이기도 하다는 것을 깨닫게 된다. 흔히들 사명을 전적으로 주는 면에서만 생각하지만, 진정한 사명은 또한 받는 것이다. 예수의 영은 불고 싶은 곳에서 분다는 것이 참이라면, 그 영을 줄 수 없는 사람이란 없다. 필경 사명이란 주는 만큼 받을 때만, 보살펴 주는 만큼 보살핌을 받을 때만 가능하다. 우리는 병자·임종자·장애자·수감자·도망자 들에게 주님 부활의 좋은 소식을 가져다주러 보내진다. 그러나 우리가 보내져 만나는 그 사람들로부터 주님의 영을 받을 수 없다면 우리는 자기도취의 열기에 금방 타 버릴 것이다.

사랑의 영인 이 성령은 그들의 가난과 부서짐과 슬픔 속에 숨어 계시다. 그래서 예수께서는 말씀하신다. "복되도다, 가난한 이들과 박해받는 이들과 우는 이들." 우리가 그들에게 팔을 뻗칠 때마다 그들이 이번에는 — 의식하든 않든 — 예수의 영으로 우리를 축복하고 그래서 우리의 봉사자들이 될 것이다. 이 주고받음의 상호성이 없이는 사명과 봉사는 조작적이거나 폭력적이 되기 쉽다. 한 쪽은 주고 다른 쪽은 받기만 한다면 곧 주는 자는 억압자가 되고 받는 자는 희생자가 되고 마는 법이다. 그러나 주는 자가 받고 받는 자가 줄 때는 제자들의 공동체 안에서 시작된 사랑의 동그라미가 세상만큼 넓게 자라날 수 있다.

이 사랑의 동그라미가 자라나게 하는 것이야말로 성찬생활의 본질에 속한다. 우리는 예수와 하나 되어 들어와서 그분이 살아 계심을 알고 있는 사람들과 공동체를 창조했으니, 이제는 많은 외로운 길손들에게로 나아가서 함께 걸으며 그들도 사랑을 나눌 자질이 있음을 발견하도록 도울 수 있다. 이제 우리는 그들의 슬픔과 고통을 두려워하지 않고 그들에게 간단히 물을 수 있다. "걸어가며 주고받는 말들이 무슨 이야기입니까?" 그러고는 엄청난 외로움·두려움·따돌려짐·버림받음 들의 슬픈 이야기를 듣게 될 것이다. 우리는 귀를 기울여야 한다. 흔히는 오래 동안 듣고 있어야 한다. 그러나 또한 말이나 간단한 몸짓으로 말해 줄 기회들도 있다. "당신이 불평하고 있는 그것이 또한 어떤 새로운 삶으로 가는 길이 될 수도 있다는 것을 몰랐습니까? 당신에게 일어난 일 자체가 달라질 수는 없겠지만, 그래도 당신은 그것을 어떤 삶으로 가꾸어 갈지를 선택할 자유가 있습니다."

누구나가 우리에게 귀를 기울이지는 않을 것이다. 소수만이 우리를 자기네 삶 속으로 초대하여 자기네 식탁에 함께 앉게 할 것이다. 매우 드물게만 생명을 주는 빵을 제공하고 부서진 마음을 참으로 치유하는 일이 가능할 것이다. 예수 당신도 누구나를 치유하거나 누구나의 삶을 바꾸어 놓으신 것은 아니다. 대부분의 사람들이 근본적인 변화가 가능하다는 것을 간단히 믿지는 않으며 낯선이를 만났을 때 신뢰를 보여 줄 수 없다. 그러나 절망에서 희망으로, 쓰라림에서 고마움으로 이끄는 진정한 만남이 있을 때마다 우리는 어둠의 일부가 몰려나고 삶이 다시 한번 죽음의 경계선을 돌파하는 것을 볼 것이다.

이것이 성찬생활을 사는 사람들의 체험이었고 또 그렇게 계속되고 있다. 그들은 길동무들에게 한탄 대신 감사를, 절망 대신 희망을 선택하도록 끈질기게 요청하기를 사명으로 여기는 사람들이다. 그리고 드물게나마 이 요청이 받아들여질 때, 이것이 그들의 삶을 살 가치가 있게 하기에 충분하다. 그들은 웃음이 눈물을 돌파하는 것을 보는 기적을 — 기쁨의 기적을 — 증거하는 사람들이다.

여기서 통계적으로 제법 흥미로울 것이라고는 아무것도 없다. "얼마나 많은 사람에게 다다랐더냐? 얼마나 많은 변화를 가져왔더냐? 얼마나 많은 병을 낫게 했더냐? 얼마나 많은 기쁨을 낳았더냐?" 하고 묻는 사람이라면 으레 실망스런 대답을 얻게 마련이다. 예수와 그분 추종자들은 큰 성공을 하지 않았다. 세상은 아직도 어두운 세상이며, 폭력과 부패와 억압과 착취에 차 있다. 언제나 그럴 모양이다! 문제는 "얼마나 빠르냐와 얼마나 많으냐"가 아니라 "어디냐와 언제냐"다. 어디서 성찬례가 거행되고 있는가? 식탁 둘레에 모여 와서 함께 빵을 떼는 사람들이 어디에 있는가? 그리고 그 일이 언제 일어나고 있는가? 세상은 악한 자들의 세력 속에 있다. 세상은 어둠 속에 비치는 빛을 인정하지 않는다. 결코 그러지 않았다, 결코 그러지 않을 것이다. 그러나 그분이 살아 계시며 우리 안에 깃들어 계시다는, 그분이 죽음의 힘을 극복하셨으며 영광에 이르는 길을 열고 계시다는 그런 인식을 가지고 이 세상 한가운데서 살고 있는 그런 사람들이 있다. 함께 모여서, 식탁 둘레에 와서 그분이 행하신 그것을 그분을 기억하며 행하는 그런 사람들이 있다고? 희망의 이야기들을 계속 서로 나누고 있는, 그리고 함께 나가서 동료 인간들을 돌보되 모든 문제를 해결하는 양하지 않고 죽어 가는 사람에게 웃음을, 외로운 어린이에게 한 가닥 희망을 가져다주는 그런 사람들이 있다고?

그처럼 작고 그처럼 보잘것없고, 그렇다, 그처럼 숨어 있는 것이 이 성찬생활이지만, 그러나 그것은 누룩처럼, 겨자씨처럼, 한 아기 얼굴의 방글거림처럼 그런 것이다. 그것이 끊임없이 자멸의 벼랑에 있는 세상 안에서 신앙과 희망과 사랑이 살아 있도록 지켜 주고 있는 것이다.

성찬례는 더러 화려한 대성당에서 거대한 예식으로 거행되기도 하지만, 더 흔히는 그런 일이 있는 줄조차 아는 사람이 별로 없는 그런 "작은" 사건이다. 어느 거실, 어느 감방, 어느 다락방에서 — 세상의 큰 움직임

"가서 알리시오"

들의 시야 밖에서 ― 일어나는 일이다. 제의도 촛불도 분향도 없이 몰래 일어나는 일이다. 하도 단순해서 외부인은 그 일이 일어나는 줄조차 모르는 그런 몸짓들로 일어나는 일이다. 그러나 크든 작든, 축제적이든 은밀하든, 그것은 삶이 죽음보다 강하고 사랑이 두려움보다 강하다는 것을 계시하는 동일한 사건이다.

마 무 리

"성찬"이란 본디말의 뜻대로 "감사"다. 성찬생활이란 감사생활이다. 엠마오 가는 두 친구 이야기는 우리네 이야기이기도 하거니와, 거기서 우리는 감사하는 삶이란 절로 분명한 삶의 자세가 아님을 보았다. 그것은 발견해서 정성껏 삶의 자세로 삼을 필요가 있는 그런 것이다. 우리의 잃어버린 것들, 따돌려지고 버림받은 경험들, 수많은 환멸의 순간들이 줄곧 우리를 분노와 비통과 한탄 쪽으로 끌어당기고 있다. 그저 "사실"로만 말할라치면, 삶이란 필경 허무에 이르는 것이요 그런 운명을 타도하려는 시도란 심각한 미숙의 표지일 뿐이라고 확신시켜 주는 그런 사실들은 언제나 얼마든지 있게 마련이다.

예수께서는 성찬을 우리에게 주시어 감사하는 마음을 선택할 수 있도록 하셨다. 선택은 우리 스스로 해야 한다. 아무도 우리 대신 선택할 수 없다. 그러나 성찬

마 무 리

은 우리에게 하느님께 자비를 청하며 외치기를, 예수님 말씀에 귀를 기울이기를, 그분을 우리 집으로 모셔 들이기를, 그분과 일치에 들어오기를, 세상으로 나아가 복음을 선포하기를 촉구하고 있다. 수많은 한탄을 점점 떨쳐 버리고 감사하는 마음을 선택할 가능성을 열어 주면서 끊임없이 그런 자세를 권유하고 있다. 우리네 일상생활에는 한탄하는 대신 감사하는 마음으로 가득 찰 수 있는 기회도 수없이 많다. 처음에는 이런 기회들을 알아보지 못할 수도 있다. 우리가 충분히 깨닫기 전에는 이렇게 말했다. "해도 너무하구나. 분통이 터질 수밖에. 삶은 아름답지 않다. 그런데도 마치 그런 양 할 수는 없다"라고. 그러나 우리가 우리 자신의 이해력에 의해 눈이 멀어 우리 자신과 서로를 궁지에 빠뜨리고 있다는 것을 늘 또 새삼 암시하는 목소리가 있다. 우리를 "아둔하다"고 지탄하는 목소리다. 이 목소리는 완전히 새로운 시각을 가지고 우리 삶을 바라보라고, 우리의 잃어버린 것들을 헤아리는 아래로부터 바라보지 말고 하느님이 우리에게 당신 영광을 제공하시는 위에서부터 바라보는 그런 눈길을 가지라고 요구하고 있다.

마 무 리

성찬은 ─ 감사는 ─ 필경 위에서 온다. 우리 스스로 만들어낼 수는 없는, 받으라고 주어지는 선물이다. 거저 주어지며 거저 받으라는 권고다. 여기에 선택이 있다! 우리는 낯선이가 가시도록 내버려 두고 그래서 우리에게 낯선이로 남아 있도록 하기로 선택할 수 있다. 그러나 또한 우리 내면의 삶으로 모셔들여 우리 존재의 모든 부분에 손을 대시고 그래서 한탄을 감사로 변형시키시도록 할 수도 있다. 그렇게 할 수밖에 없는 것은 아니다. 사실 대부분의 사람들이 그렇게 하지 않는다. 그러나 우리가 그런 선택을 할 때마다 만사가, 지극히 사소한 것들까지도, 새로워진다. 우리의 작은 삶이 커지면서 ─ 신비로운 하느님 구원 사업의 일부가 된다. 일단 이 일이 일어나면, 더는 아무것도 우연하거나 우발적이거나 공연한 것이란 없다. 지극히 하찮은 사건조차 신앙과 희망과 무엇보다도 사랑의 언어를 말한다. 이것이 성찬생활, 만사가 우리 길동무가 되신 그분께 "감사합니다" 하고 말하는 길이 되는 그런 삶이다.